AF477304

Prólogo

A partir de una selección de encabezados
de la prensa nacional se engendró este
compendio durante el transcurso del 2014,
conformando una bitácora a través
del tiempo, los juegos de la información
y sus propias paradojas.

La operación/ejercicio fue el siguiente:
I. Adquirir 10 periódicos en días aleatorios
y/o al día siguiente de algo relevante.
II. Seleccionar encabezados por gusto,
interés, afinidad y/o sintonía.
III. Relacionar los encabezados
construyendo vínculos entre líneas.
IV. Seleccionar una imagen de la decena
de periódicos.
V. Incluir la imagen a manera de separador
entre días y puente entre encabezados.

La idea e intención en Descabezados recae
en la tentativa por dislocar la información
para generar una óptica distinta a
su propósito informativo, entendiendo
las palabras como imágenes que se
desdoblan y detonan la posibilidad de
escribir otra visión de los paisajes que
contiene la realidad. Realidad o realidades
que muchas veces rasguñan la ficción, la
atraviesan y la transfiguran. (JH)

Historias de elefantes

Propósitos sin cumplir

Chiapas, a 20 años

¡INOLVIDABLE!

La toma de Ocosingo

Los combates duraron 12 días; la lucha sigue

Cuba: la revolución, 55 años después

Argentina, entre el calor y la oscuridad

Rusia: 32 muertos en 24 horas

HORA A HORA

Violencia inespecífica

"TODO O NADA"

Juega como si nada

Nada que demostrar

En dirección
contraria

Actitud

Entre la vida y la muerte

¡Despierta Schumi!

El enigma del tiempo que pasa

SIN
TIEMPO

VACACIONES SIN GLAMOUR

¿Champaña?, ni de chiste

Juan Gabriel cantará gratis

Fracasa Justin Bieber

Originalmente falso

Ve Obama Breaking Bad

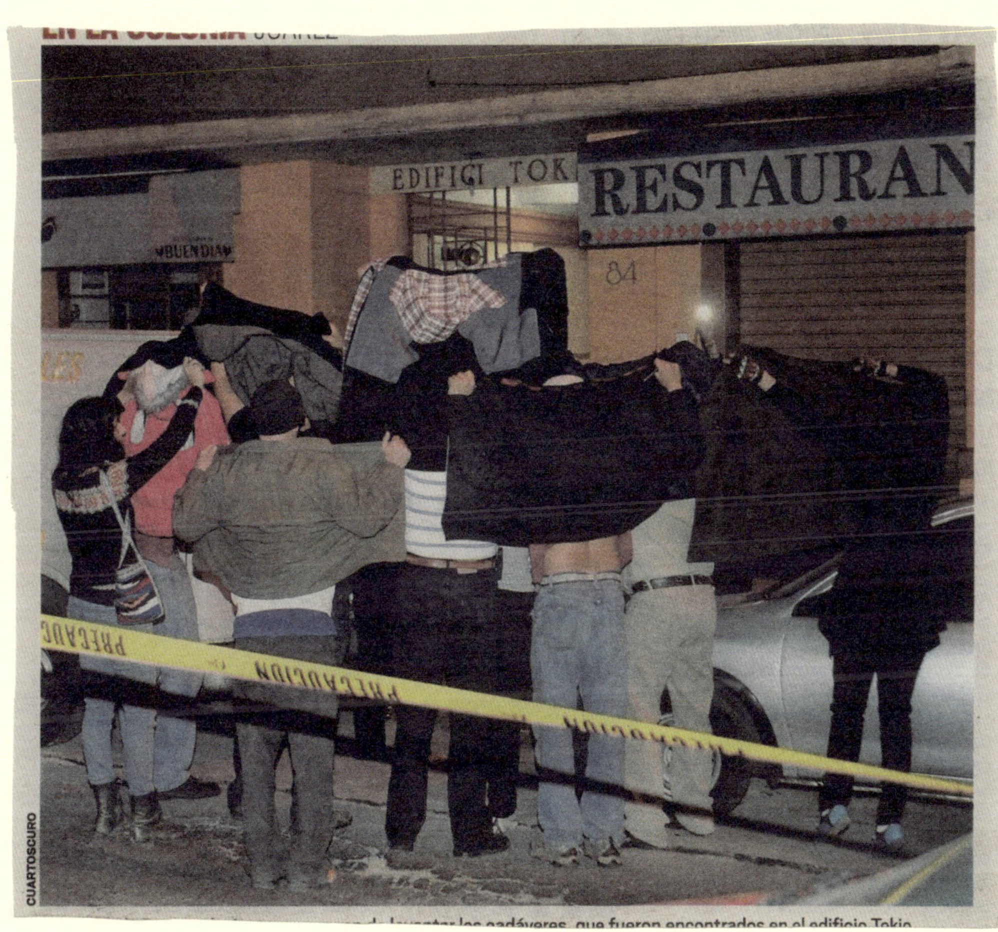

...levantar los cadáveres, que fueron encontrados en el edificio Tokio...

6 DE ENERO EN EL MUNDO

NAVEGAR EL FIN DEL MUNDO

¡LLEGAMOS!

"Inglaterra es el mejor país"

DIAGNÓSTICO NACIONAL

Hacen en España billetes mexicanos

Apátridas o doble ciudadanía

"Yo", "yo", "yo", "yo" y "yo"

Lógica ilógica

Un joven gana por cien euros un Picasso valorado en un millón de dólares

Herencia generosa

Elogio de lo inesperado

Sin sobresaltos

El largo corto plazo

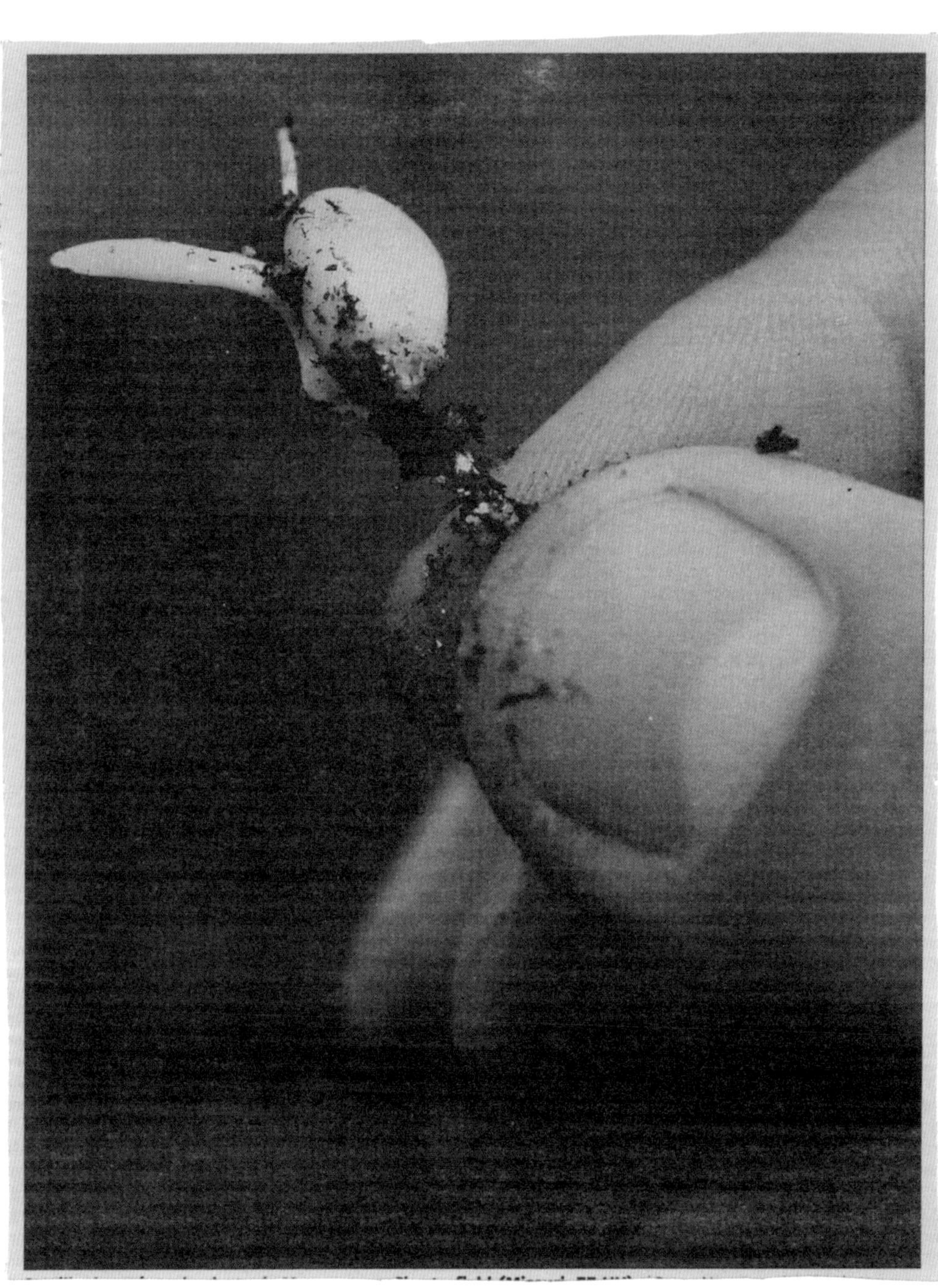

Fin al maratón
Guadalupe-Reyes

El calendario

Nací feliz: Nelson Ned

Murió *El pequeño* gigante de la canción

Su baja estatura no lo limitó

Una vida llena de grandes excesos

Ataque
al corazón

DESCANSA ALMA

Murió Eusebio

Pelé llora a su amigo

Pantera Negra... hasta pronto

Policía mata a puma y lo presume en internet

S.O.S. por rinocerontes

Schwarzenegger, el que
más ha matado en cine

Seagal, ahora político

El colapso de la dignidad

Pozo sin fondo

El difícil reto de pagar todo lo debido

Paga red de lavado
diamantes, yates...

**Tres nuevos
cárteles**

La lista negra

NO SE CANSA
DE MÉXICO

LA GUERRA SECRETA DE LA DEA EN MÉXICO

LA GUERRA FRÍA

EU ESTÁ BAJO CERO

» Hollande, en su punto más bajo, según encuesta

Fallecen 3 por hipotermia

Fuera del mundo

Desarticulados

Fiat tomó el timón de Chrysler

Naufragio de la arquitectura soviética

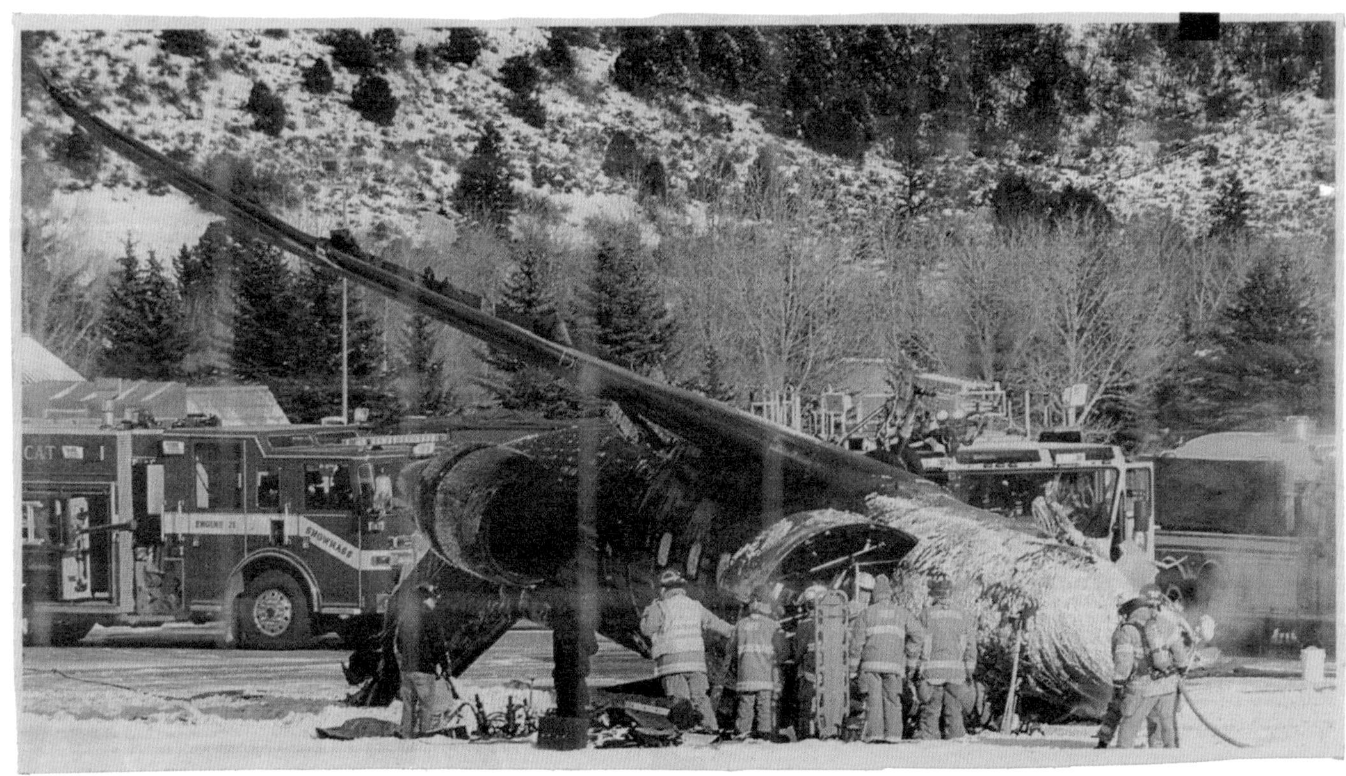

Prioridad errónea

Era previsible

La marca Pablo Escobar

"Exportar coches Ford a EE UU"

Modelos de BMW rugen en Detroit

León relajado

Adelgazó en McDonald's

Se le acabó el bisne

El pulpo de las autodefensas

Buscan fortalecer lazos con Colombia

México-Italia: relación con futuro

Rusia y EU piden un alto el fuego

Creador de AK-47 se sintió culpable

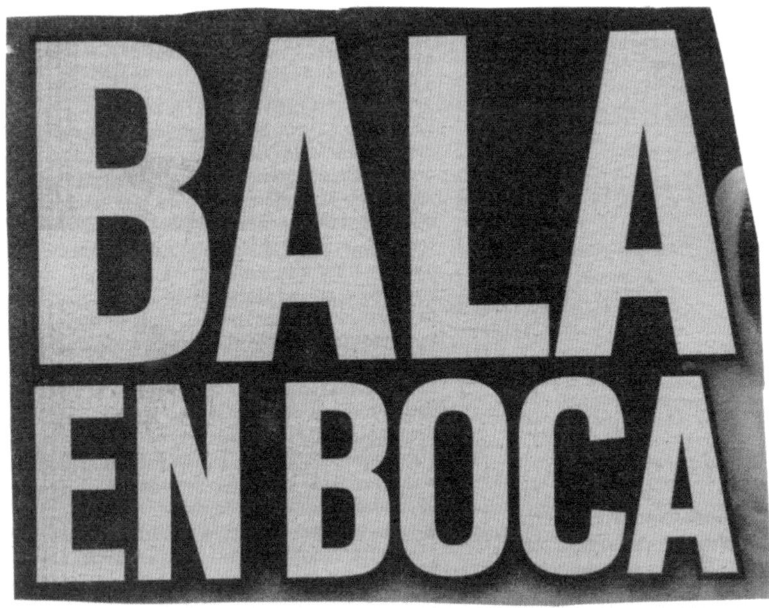

Baila una pareja después de fiesta

Se come a su enemigo

A la caza de 100 mil árboles navideños

"Tenemos la cabeza fría"

Precios congelados

Cuarón y su Gravedad

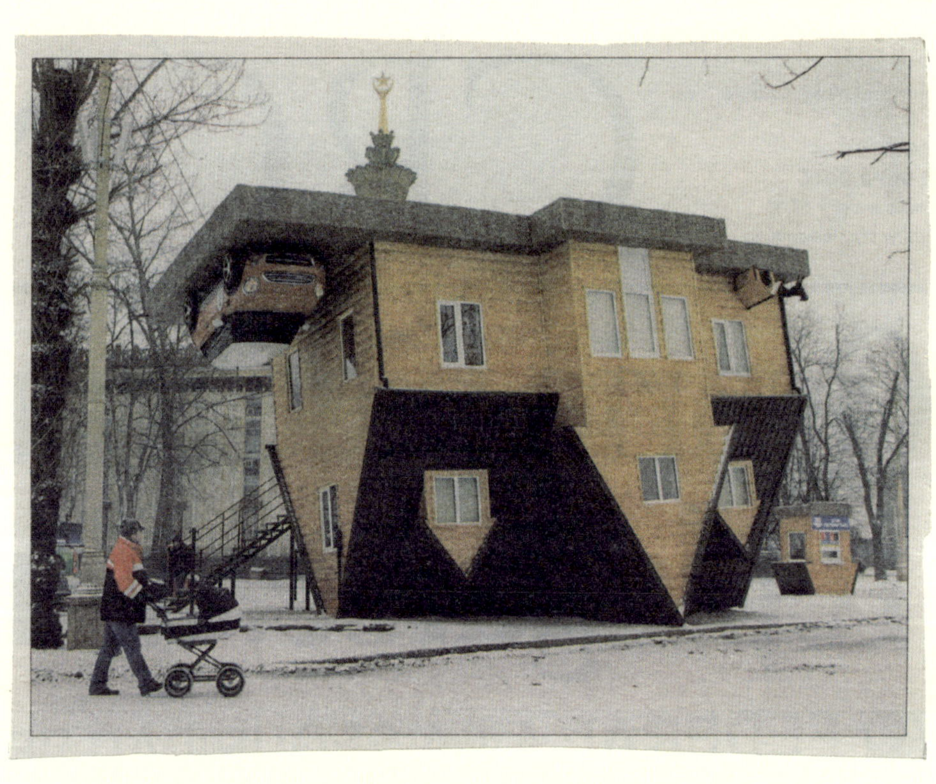

La cuesta de enero

Tic-tac tic-tac

LAS REBANADAS DEL PASTEL

La riqueza de 85 megamillonarios equivale a bienes de 50% de pobres

Otra arma

Suman 202 millones de desempleados

'Triste realidad'

'Si corres, se te quita

el frío'

La pesadilla

Al ritmo que el narco quería

Ayer *templario*, hoy autodefensa

Juego de refrescos

"Leche no, hace daño; coca y galleta, no hambre"

Combaten desnutrición con amaranto

Perdiendo y ganando

POLOS OPUESTOS

Quiere hombres, no nombres

'Yo soy chofer', decía 'El Toro'

'Por buen camino'

EMBESTIDA NOCTURNA

Crónica del último concierto

Lenin murió hace 90 años

La relatividad del tiempo

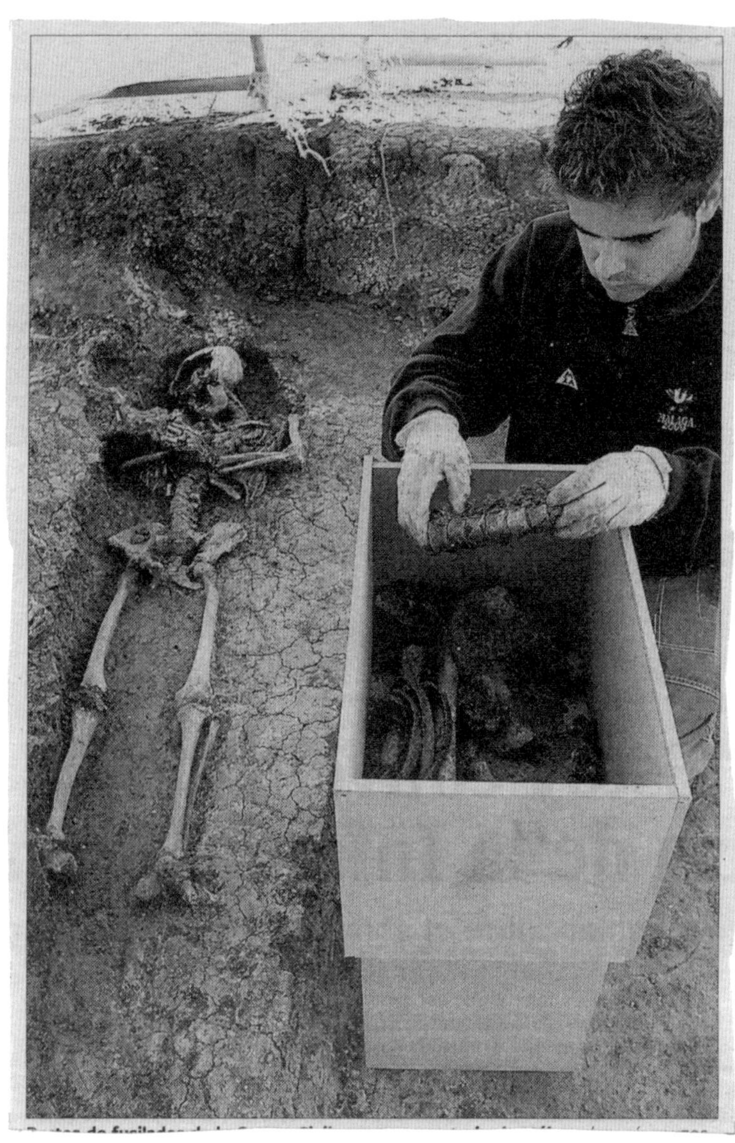

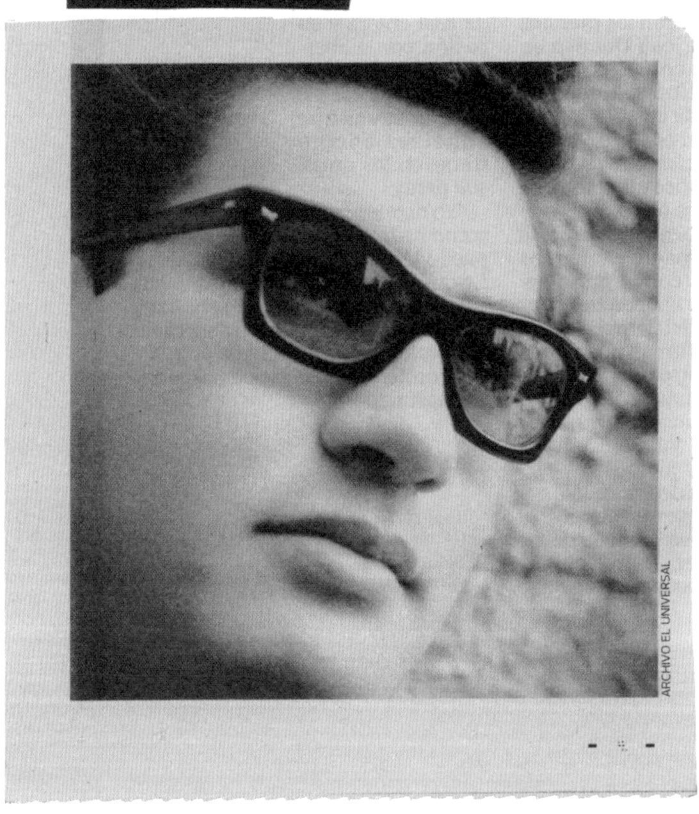
ARCHIVO EL UNIVERSAL

"Me voy como llegué; no perdí el tiempo"

Alucinaciones

Llegó a Marujo náufrago que asegura haber estado más de un año a la deriva

Niegan que maniquí sea migrante

Emergentes entran en pánico

Turbulencia inevitable

Regresó a la tierra

Ventanilla única para temas de uso de suelo

México y su ombligo

El oasis de la impunidad

La sociedad en fuga

"Los ciudadanos son pulgas frente a las empresas"

Por debajo de su valor

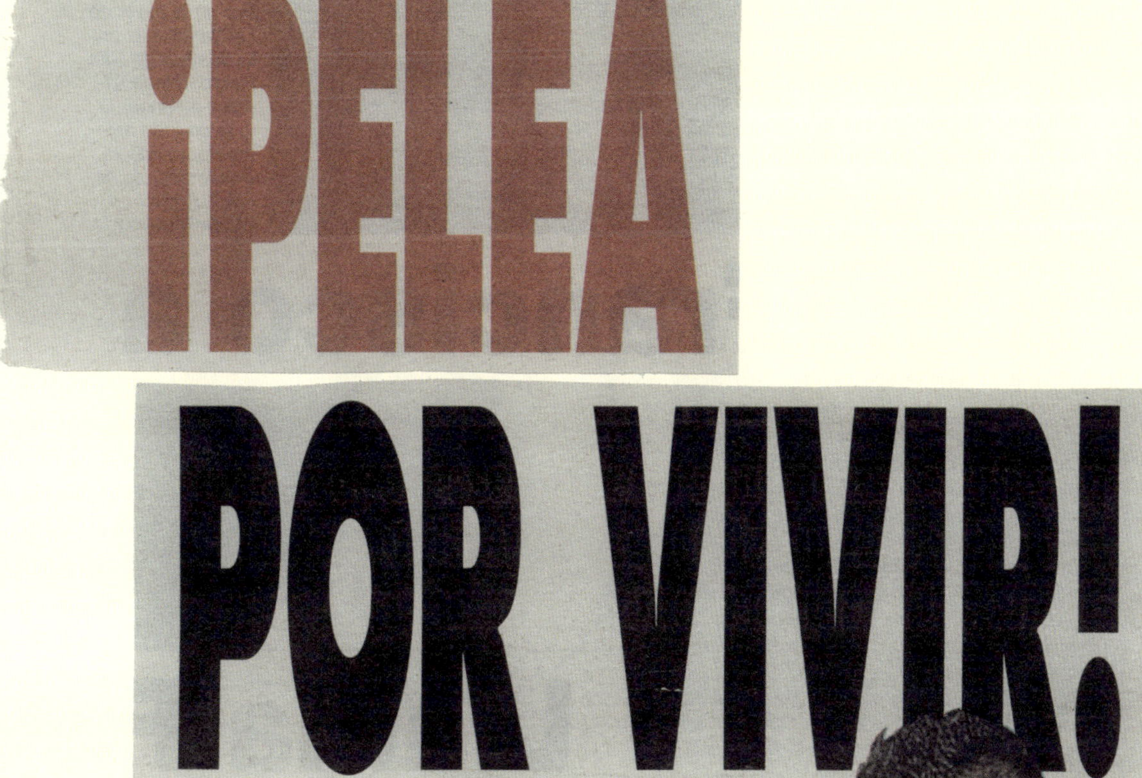

Conservar para la vida

Se va el talento de Philip Seymour Hoffman

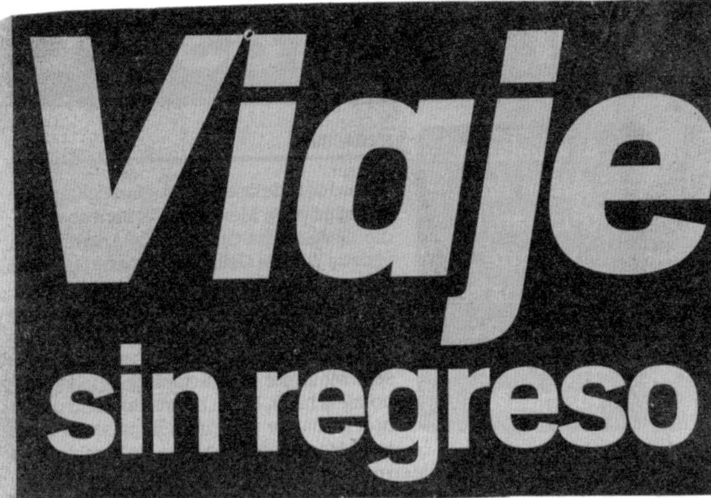

SALTO A LA ETERNIDAD

Se reencuentra con la felicidad

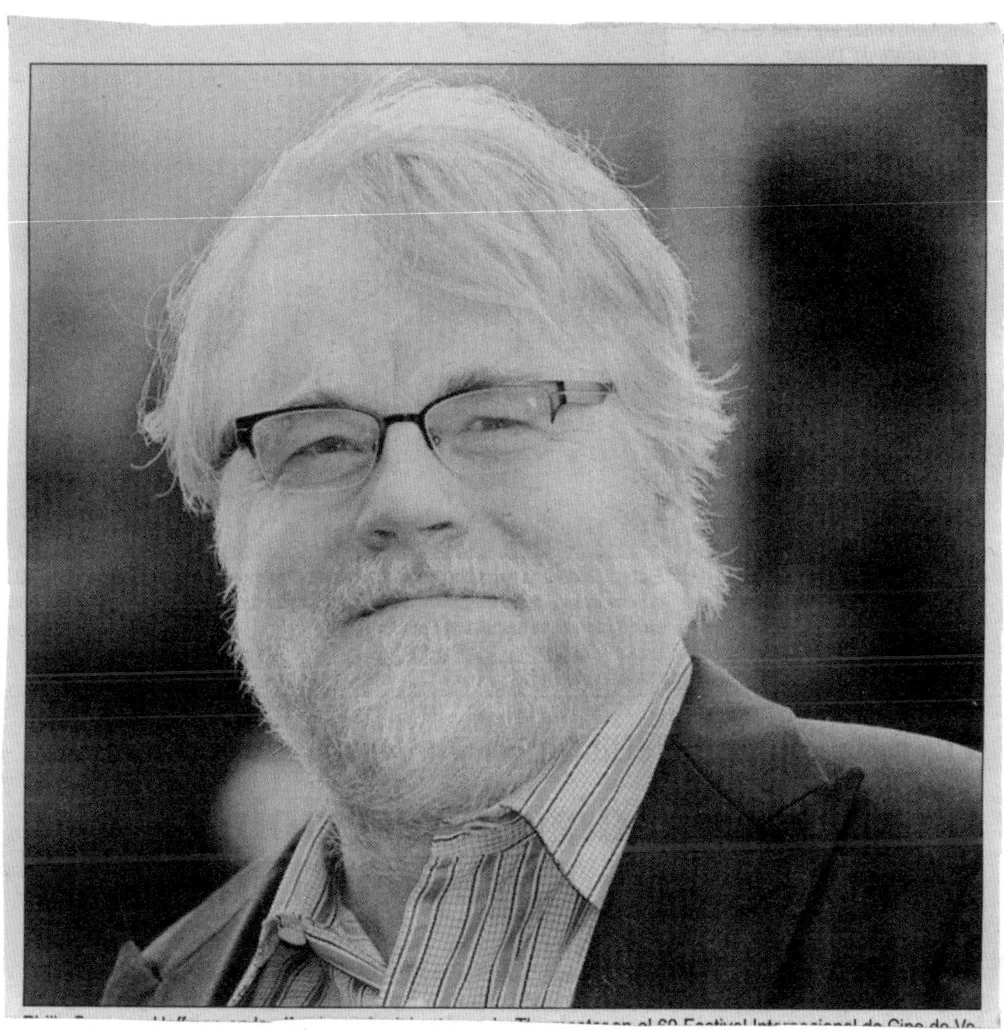

Phillip Seymour Hoffman [...] se muestran en el 60 Festival Internacional de Cine de Ve[...]

INDICADORES

CSG tiene amnesia: Camacho

Pedradas y corretizas

Detienen a hijo de López Portillo

"Yo era un bicho raro"

"Cada vez somos menos bienvenidos"

El náufrago José Alvarenga llega a su natal El Salvador

Dudan de ruta de desaparecido

Accidente aéreo deja 77 muertos

Sicario confiesa 800 asesinatos

Hay menos agentes de seguros

"QUIERO MI VIDA DE REGRESO"

"Revivirán" a Philip
Seymour Hoffman

Todo es culpa de la *Bruja del 71*

Mayas inspiran
al Cirque du Soleil

Identifican supuesto Chucky de Galerías

Pesadillas infantiles
en la ley de la demanda

*Las pesadillas
de David Lynch*

UTILIDAD A LA BAJA

Valérie Trierweiler,
en isla Mauricio
para olvidar

**Dan detalles de
divorcio exprés**

Afirman que parejas felices tienden a engordar

El mal tiempo no da tregua

¡En picada!

Vigilará al país centro nacional de desastres

EMPEORA LA SITUACIÓN

"Cualquier premio a *Gravedad* no ayuda a la cultura y al cine de México"

Razones para el pesimismo

El Presidente en su laberinto

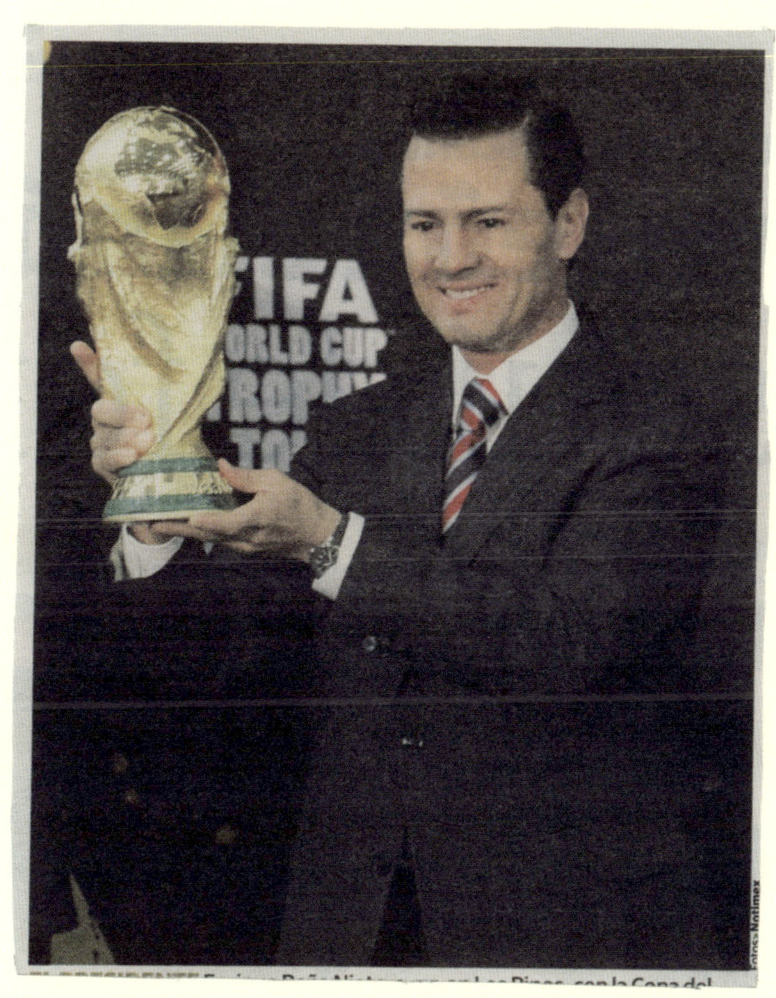

Enrique Peña Nieto... en Los Pinos, con la Copa del...

Efecto dragón

Red Bull no da una

Pitbull que atacó estará en observación durante 10 días

Broncos va con pasión

El virus de la abeja dispara al abejorro

▶ Falsos reflejos

Relámpagos toluqueños

Cerraron paso a las protestas en Toluca

'¡Ya les dije que yo vivo a dos cuadras!'

Reina la confusión

"Me quedé con ganas de probar el legendario chorizo"

Algo estamos haciendo mal

Ucrania ante el abismo

¡TERROR!

Slim tendrá más peso en el *NYT*

SNOWDEN, EN MUÑECO

Olvida 'Chispa' la racha

Caracas:
muere
Miss en
marcha

Hemos muerto lejos

Golpe de realidad

Golpean
ebrios
a policías

LA REPRESIÓN CANSA

Cae ladrón en
Coapa; era *poli*

AGARRAN A POLIS EN LA MOVIDA

Darán de baja al
policía que fue
detenido con 2,600
dosis de "cristal"

La protesta perfecta

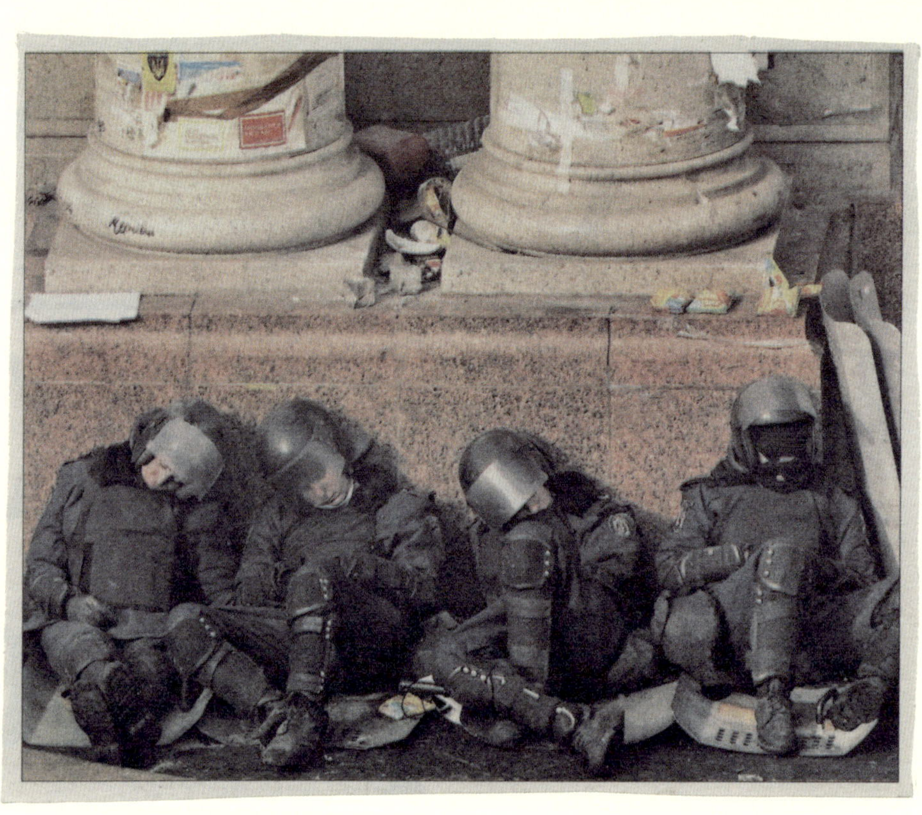

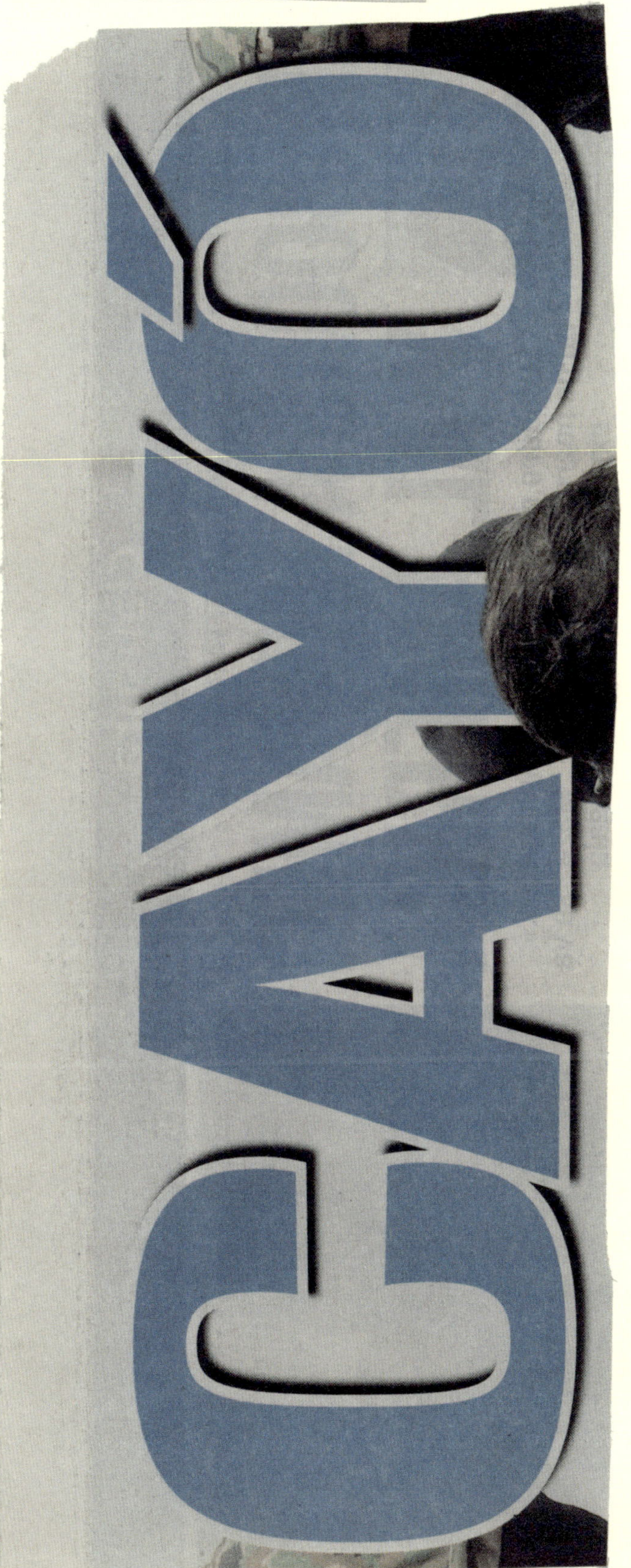

CAYÓ

Cayó

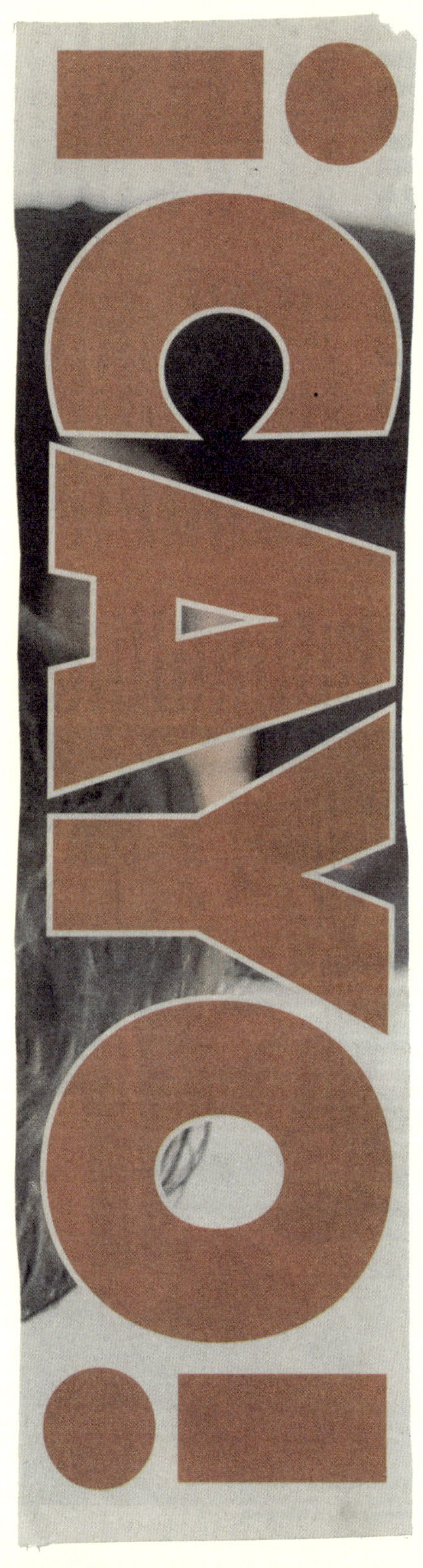
¡CAYO!

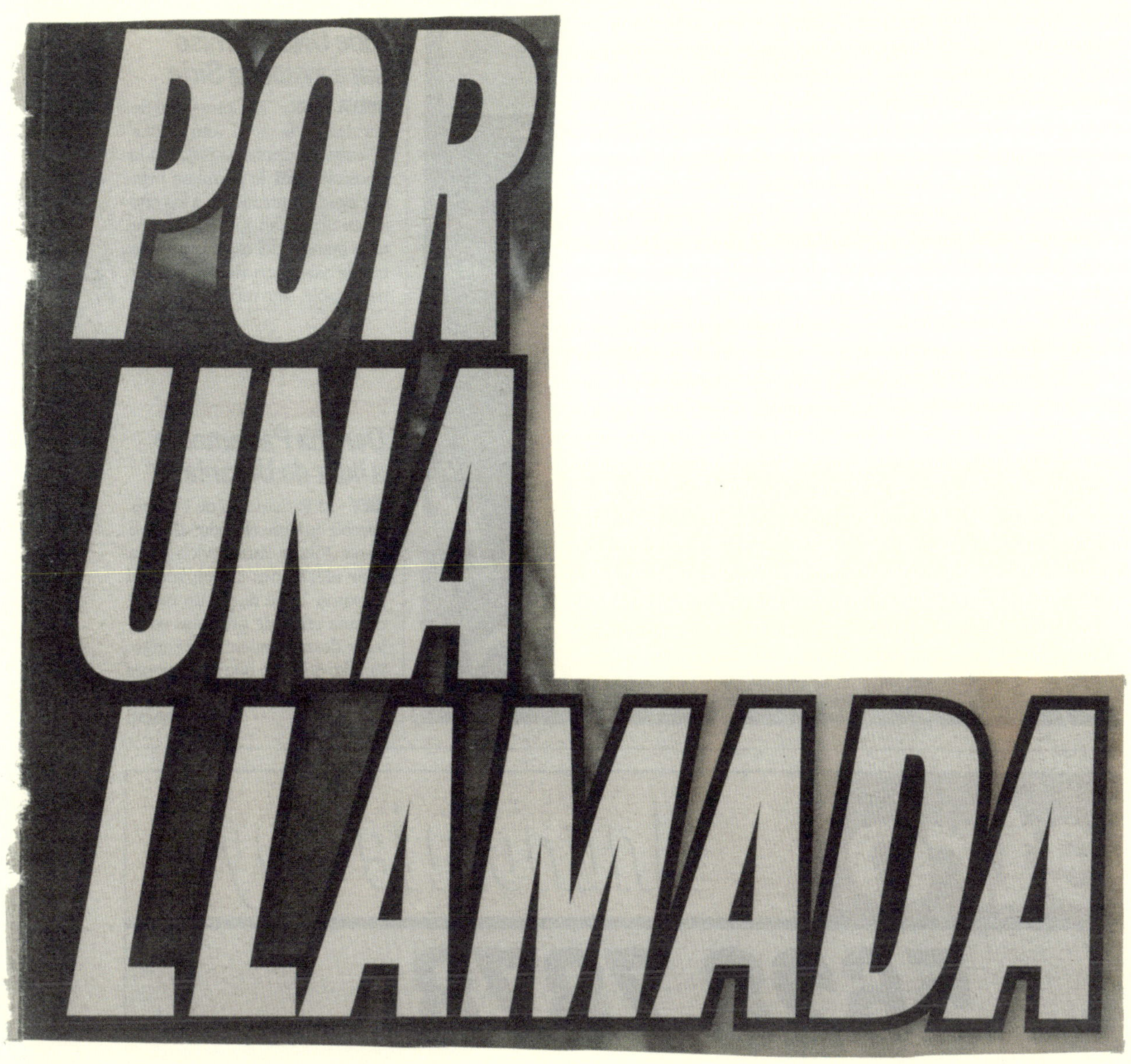

"Un hombre parlanchín y simpático"

Voces y murmullos

Hombre bajo de poder amplio

LE GUSTA ENAMORAR A LAS MUJERES

"Lo agarraron dormido"

Que lo agarraron cuando dormía

Mientras el Ejército suizo duerme

SORPRESIVA DETENCIÓN

Por apenas unos segundos

Tres grandes preguntas

¿Por qué la Marina?

"Carlos Salinas, una catástrofe histórica; no hay que temerle"

Quiere desafiar la lógica

ES *CAPO* DEL NARCO

Beltrones: tabúes no deben paralizarnos

EXITOSA DEFENSA DEL 'TÍTERE'

Perdió el menos malo

Menos bancos malos

De campesino a millonario

El capo que ejercía de empresario

Cuatro años entre los más ricos del mundo

A propósito de MACO

Problemas para *Checo*

Se entregó "El Chapo" Guzmán

Un cerrojazo de lujo

La captura del icono

Justificar el precio

FIN DE LA CACERÍA

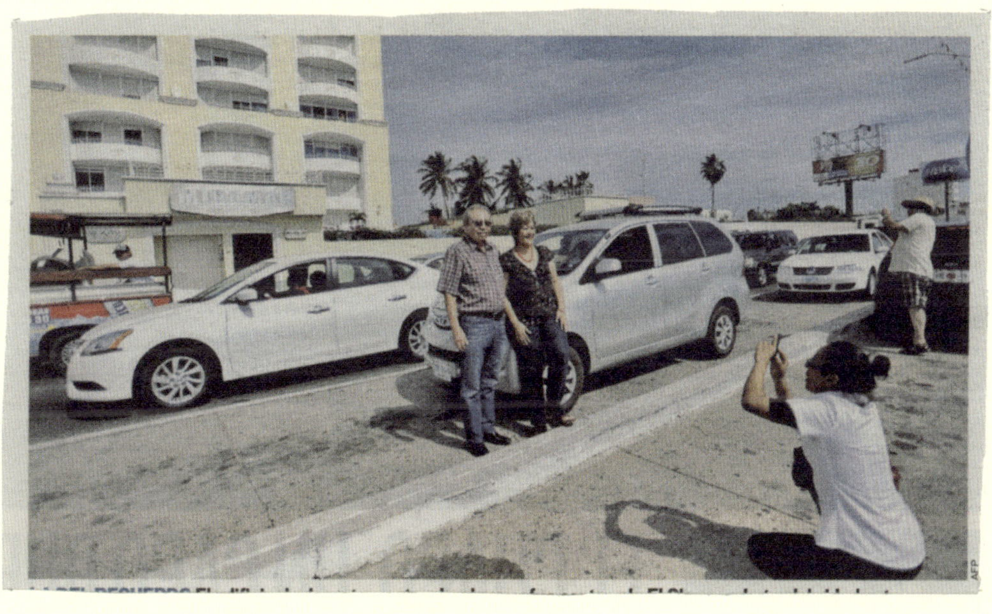
AFP

¿Un mal presagio?

Cada hora alguien es extorsionado

Sigue violencia pese al asueto

"Defiendo para que otros ataquen"

Duelos de morbo

Autodefensas quieren frenar el avance de autodefensas

Autodefensas con doble filo

Mexicana de tres bandas

CHATO, CHATO, CHATO...

¿QUIÉN SERÁ EL BUENO?

Sinaloa ya investiga las marchas

La literatura del carnaval

Magia pura

Abren las puertas de su madriguera

El museo de El Chapo Guzmán

No cubra
un hoyo
abriendo
otros

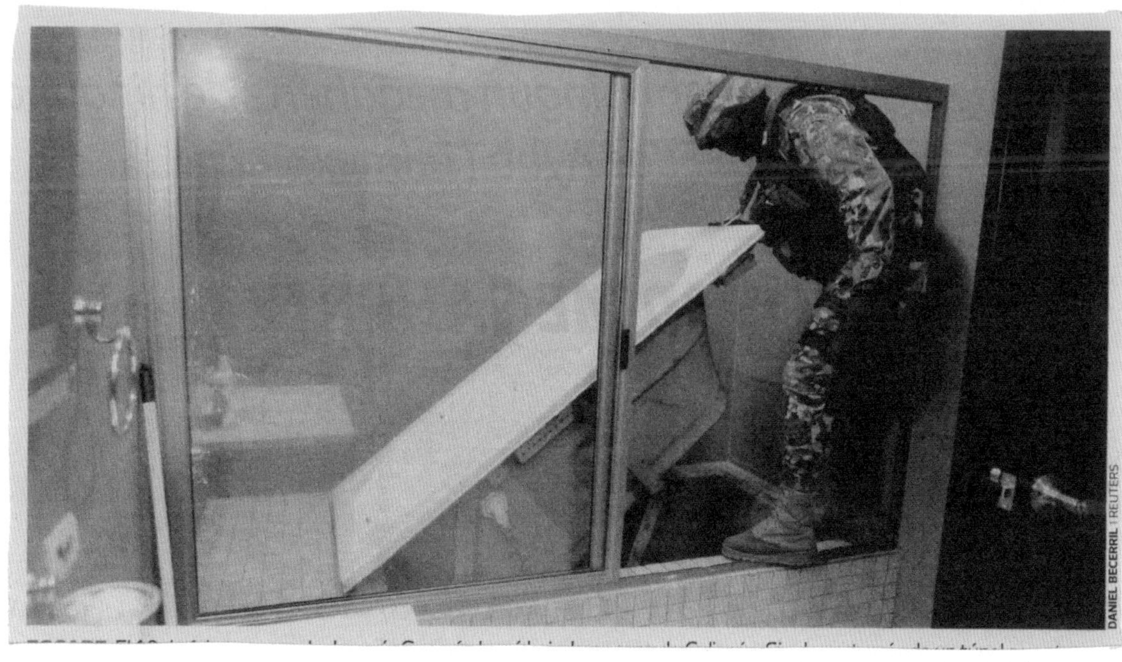

Miércoles 5 de marzo de 2014

Un bebé
de 40 kilos

Nace después de 16 años

Nació hipopótamo en Chapultepec

BAUTIZA AL HIPOPÓTAMO

EL PANTERA

¡PELAS!

Tala clandestina en el Desierto de los Leones

A la caza de 'tigres' y 'moscas'

EL PATO SE AHOGA EN LA FARRA

Águilas con dudas

*Día mundial de
la vida silvestre*

El *Piojo* no
se enganchó

Elogio, decepción
y tragedia

Hallan a hombres sin vida

**Capturan en Baja California
a dos presuntos narcos rusos**

La economía ucrania habla ruso

Se ponen al tiro
por sus pistolas

'CEREBRO' TRAS
LAS REJAS

Describen proceso de metástasis en el cerebro

Los cocos de allá abajo

Venezolanos peregrinan a Colombia por papel de baño

Colombia desplaza a Argentina

"La emigración hará más pequeño el océano"

Oceanografía, dolor de cabeza para Citigroup

Sin 'paraguas' en la tormenta

¿Quién encubrió a Oceanografía?

La crisis de la desmesura

Consuelan a Consuelo

Mi hermana encontró trabajo ayer

Media aspirina

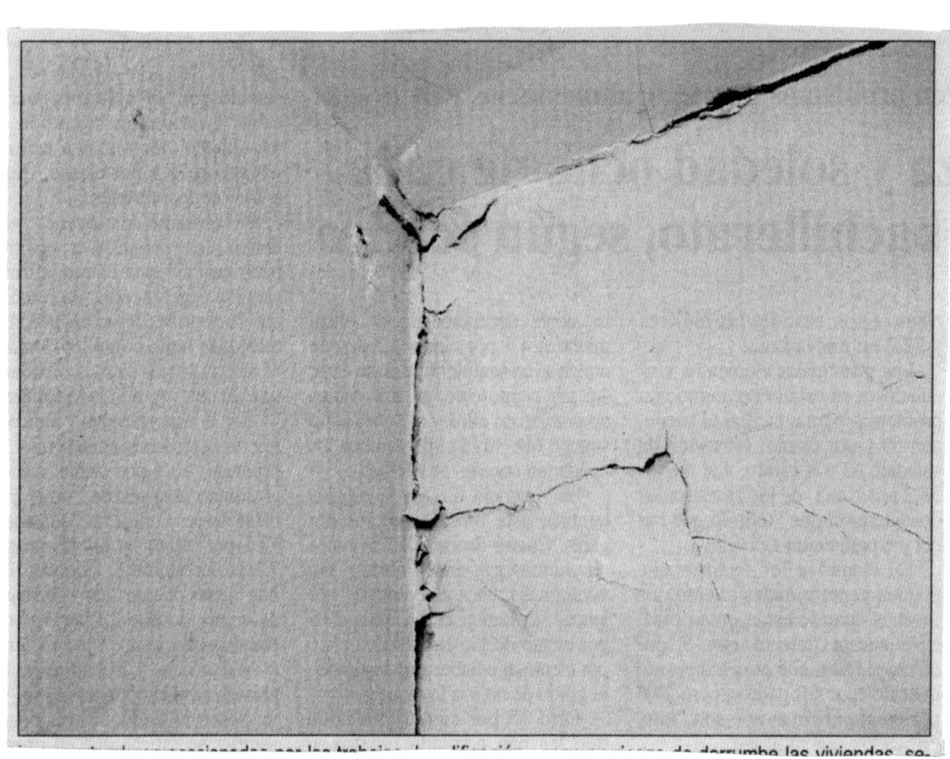

... ocasionadas por los trabajos de ... ... riesgo de derrumbe las viviendas, se-

Jueves, 13 Marzo 2014

Sin fin, las filas de 8 horas

Filas, caos y enojo

En cinco horas se agotan boletos para el Mundial

Uniforme de Jorge Campos, elegido el peor en Mundiales

Neymar vuelve a decepcionar

Romario acusa de "ladrón" a Blatter

Fraude multimillonario

Oceanografía: ¿Alguien sabía algo?

Oceanografía ganó 50 mil 981 millones

La Tierra podría estar llena de agua en sus profundidades

¿No que no?

"Todo en orden", último mensaje del piloto de Malaysia

Hell & Heaven, toda una contradicción

"Todo en orden, buenas noches", último mensaje del avión malayo

La importancia de saber caer

Sin obras no hay sobras

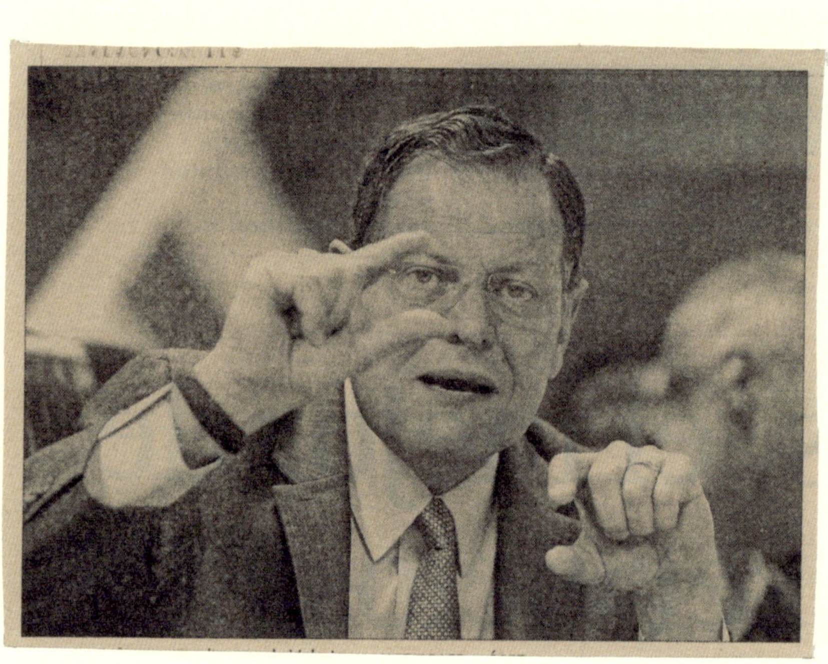

Antes del Big Bang

Big Bang

HALLAN ORIGEN DEL COSMOS

Detectadas las huellas del instante inicial del universo

Los remordimientos por lo que no fue

NUEVA HISTORIA

Estar de buenas

LO DE HOY

Le gana la flojera

Los idus de marzo

¿Quién nos ha robado el 18 de Marzo?

La expropiación expropiada

La confusión de
los confundidos....

**Barack Obama quiere apostar
con Enrique Peña para el Mundial**

La inflación por el Mundial de Futbol preocupa a Brasil

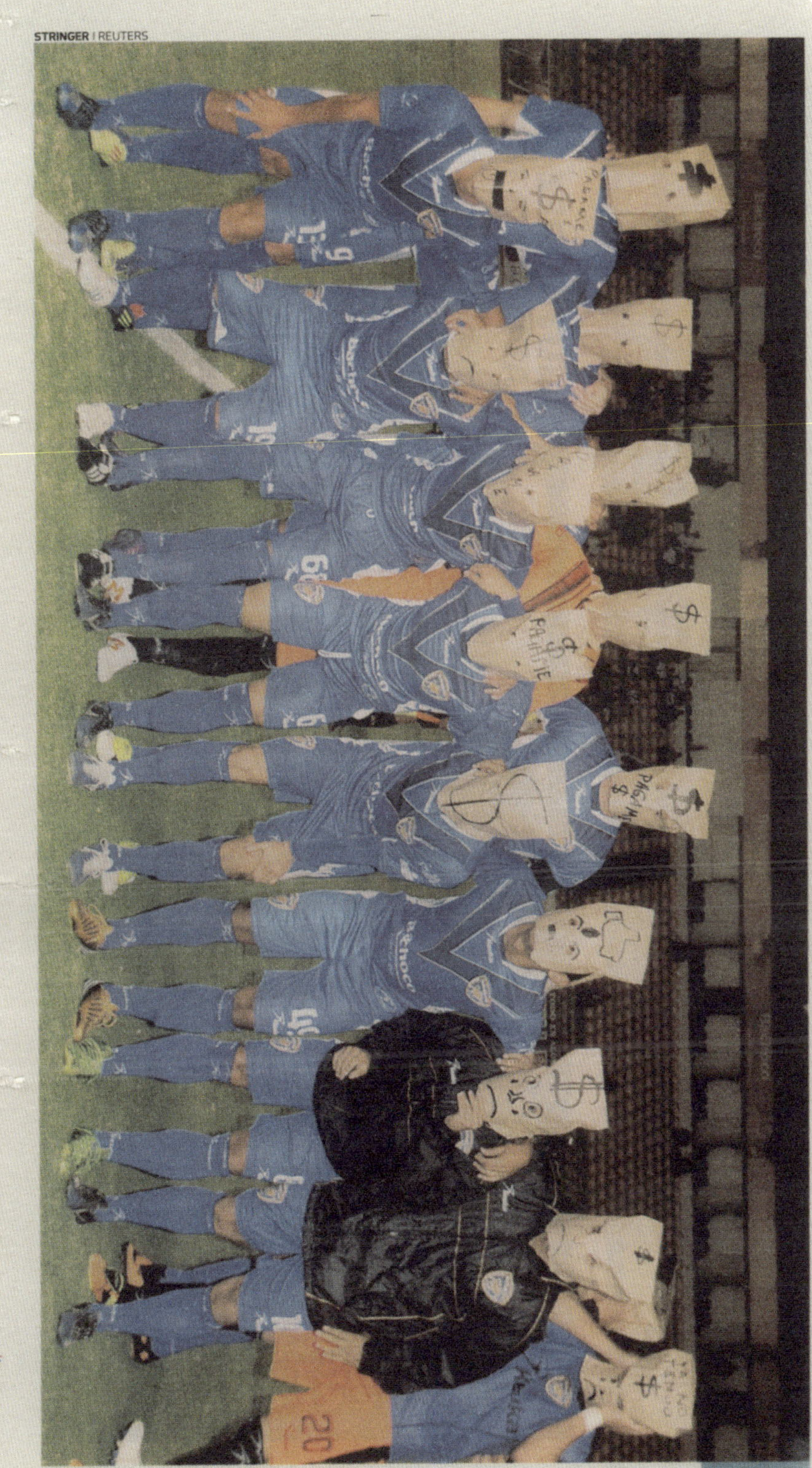

El mercado
interno es
la salida

La basura, un negocio de pocos

El príncipe de la basura

Más cerca del abismo

Turismo interno

García Márquez "ya
se quiere ir a su casa"

"Mi casa no tendría que temblar"

Del tingo al tango

Desquiciados por el ruido

El gobierno de China se hizo "sordo": CICEG

México debe ir al psicólogo

Registra el país clima extremoso

El efecto "cucaracha"

Reyna ya no reina

Rechazan nombre de Paz en calle

Rechazan en Polanco poner a calle nombre de Octavio Paz

EL MURO Y EL BALÓN

El 'selfie' y el autorretrato

"La gente en Brasil está harta de todo"

'No espero nada'

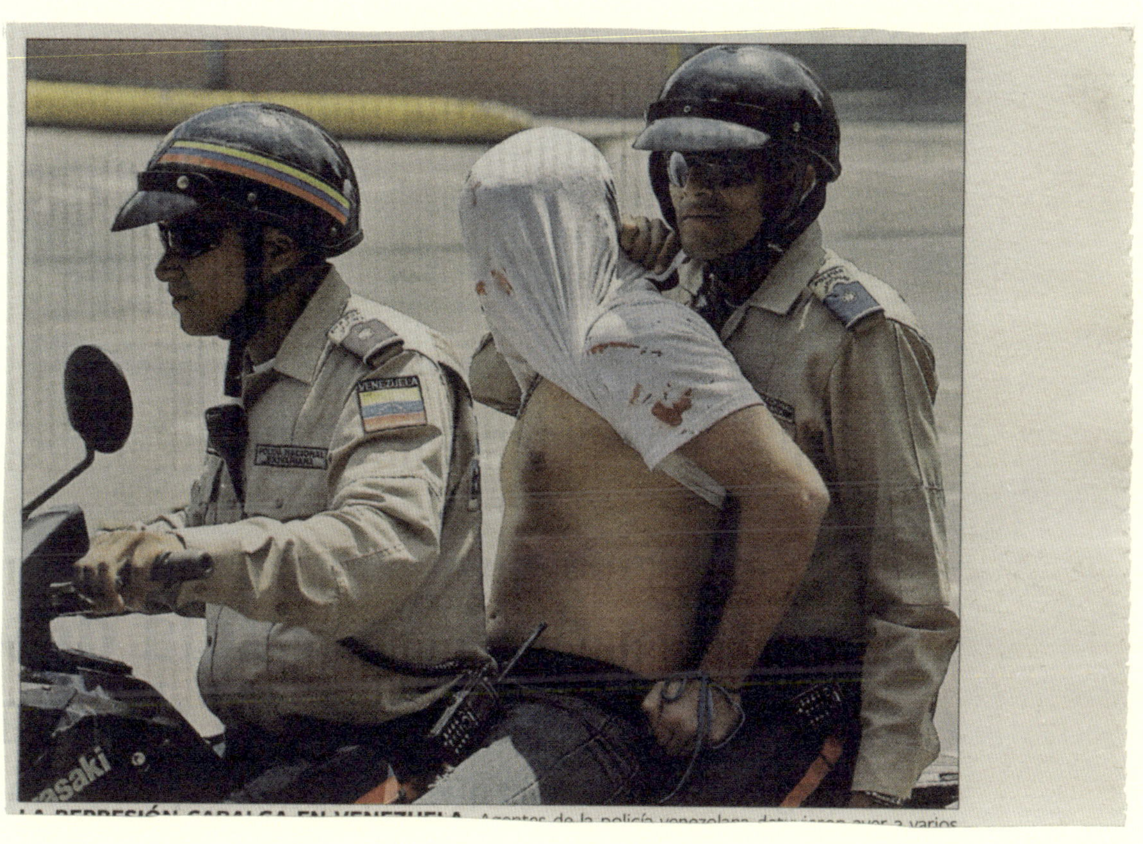

LA REPRESIÓN CABALGA EN VENEZUELA. Agentes de la policía venezolana detuvieron ayer a varios

Sábado 12 de Abril de 2014

Kurt Cobain

*En busca de
la caja negra*

*La bestia
negra*

Honoris Causa al escultor "Sebastián"

Identidad de los delincuentes

Cae banda de secuestradores

"RELACIÓN
YA NO ES REHÉN DE CASSEZ"

Teotihuacan, mudo testigo de una nueva relación fraterna

Se van de vacaciones

Política e irrelevancia

Hollande y Peña visitan zona arqueológica de Teotihuacán

Hollande y la foto de Salma

México ya no es emergente: Hollande

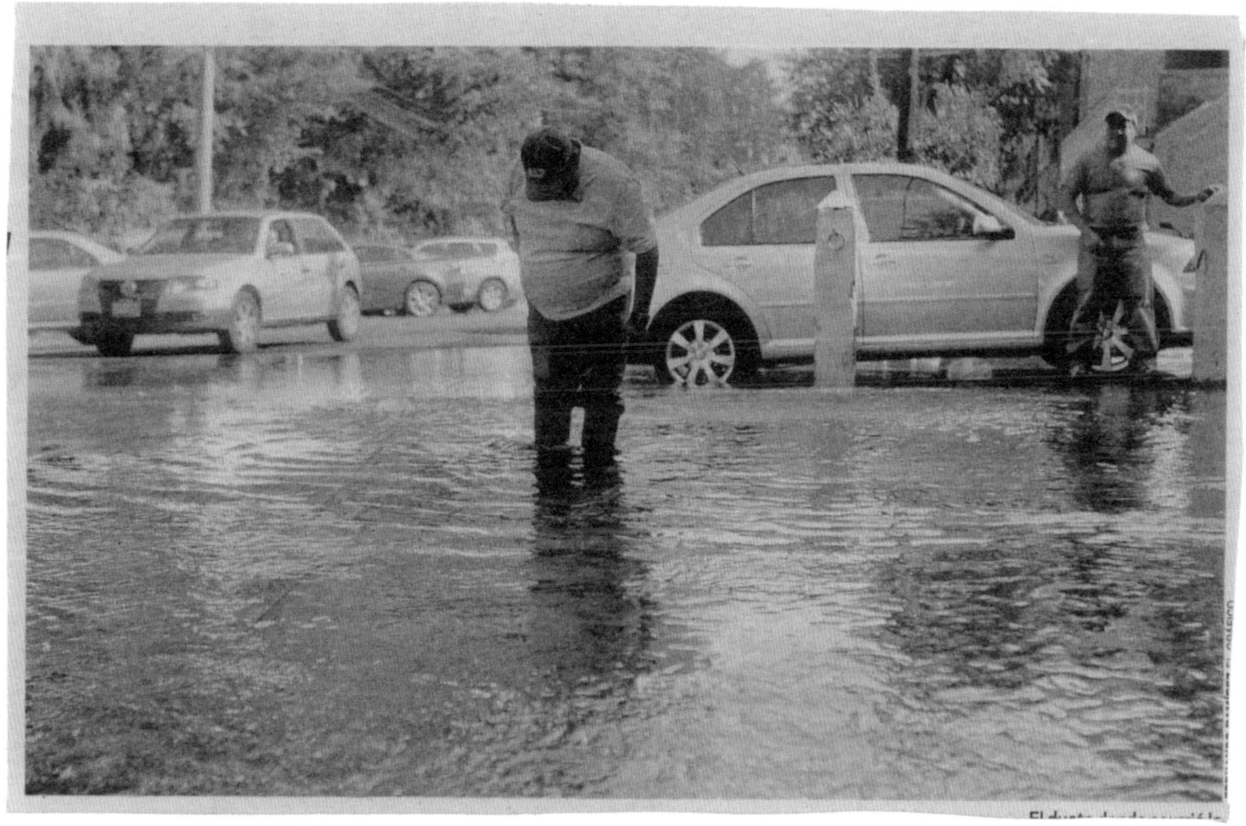

Perder el tiempo

Pequeños detalles, grandes certezas

No habrá bancos el 17 y 18 de abril

Piden frenar el dinero ilícito

Alertan por fraudes en tiempos compartidos

Apología del mercado

Huelga de obreros chinos en fábricas de zapatos Nike y Adidas

La carcacha democrática

Berlusconi cumplirá pena con trabajos en un geriátrico

Tiranosaurio, estrella en museo de Washington

Tributo y susto en el homenaje

Naufraga ferry con 470 turistas en Corea del Sur

Transición de la transición

Antes de reventar

¡FIESTA SALVAJE!

Medio ambiente mortal

Depresión regional

Estimados a la baja

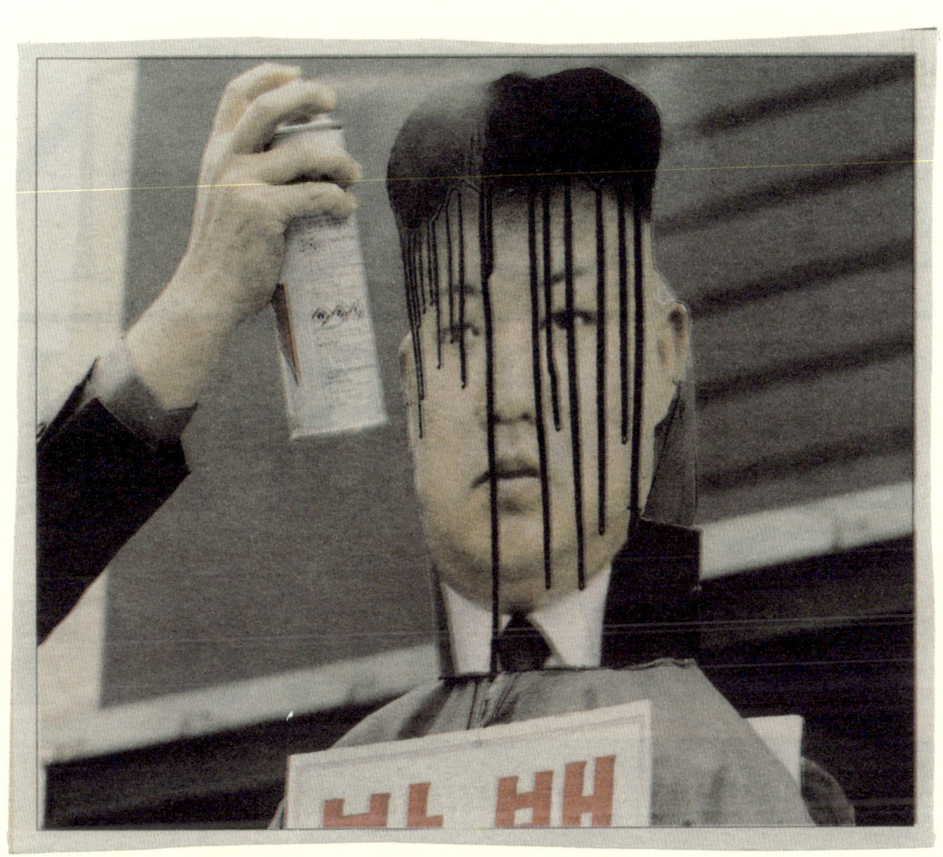

"Nadie sabe cómo están los reactores"

Un poco más sobre García Márquez

La política mexicana en los tiempos de García Márquez

"No es que Gabo se acercara al poder, el poder lo buscaba a él"

La "piratería" gana el *Juego de tronos*

Nuestro Gabo

GABRIEL

El otro sismo

García Márquez, entre conspiraciones y visas

Martirio y azúcar

Coca-Cola pierde la chispa

Sueños rotos

Espinita

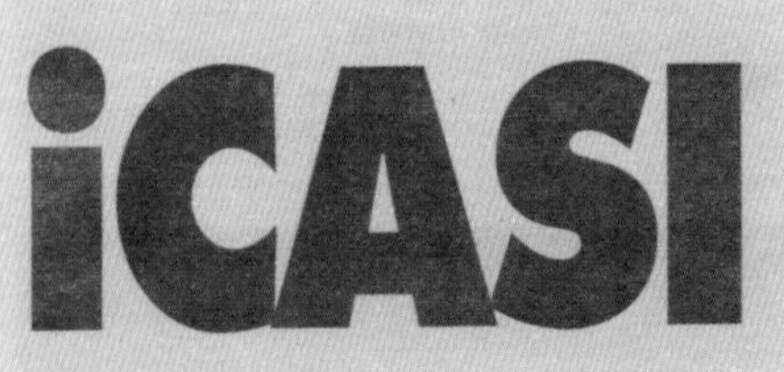

DESTROZADO!

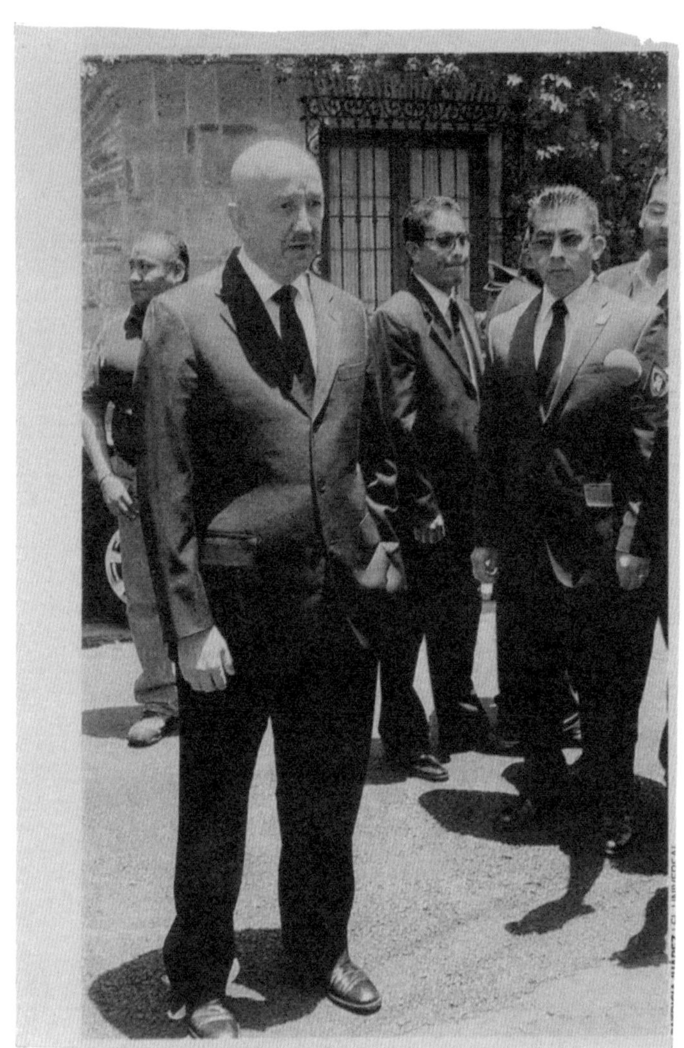

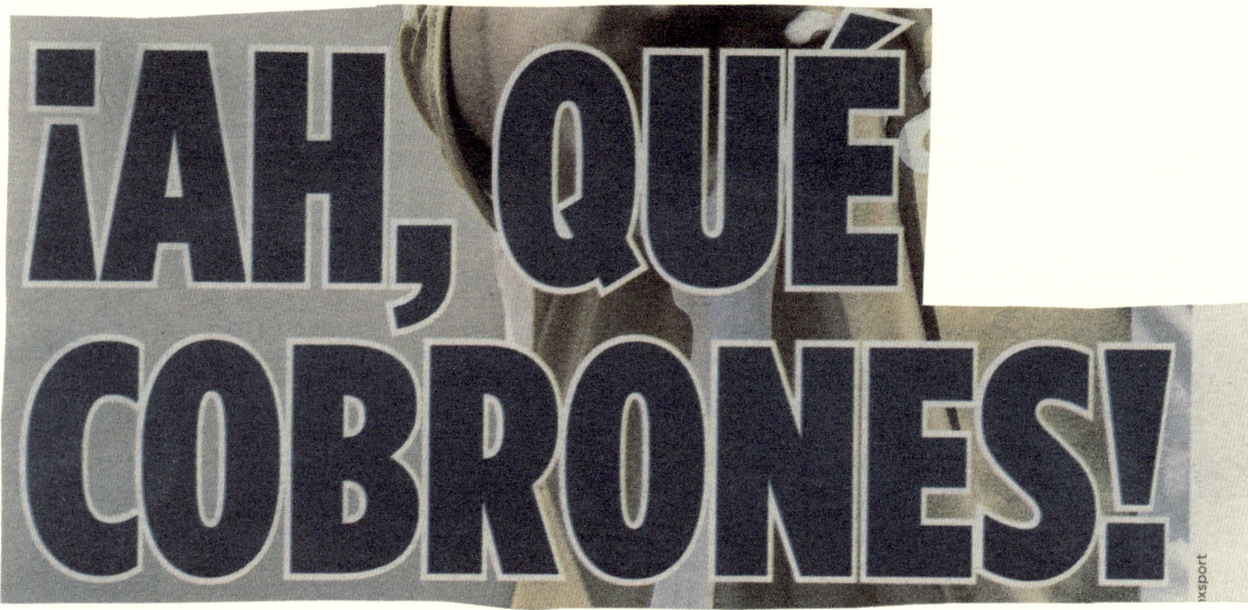

¡AH, QUÉ COBRONES!

¿En quién confiar?

Cadena de mentiras

Censura, locura y ternura

Argumentos de sobra

Intimidades

Controversias por mandato

Diputados recordarán a García Márquez

Gabo y el poder

**Gabo
y Fidel**

Gabo
y Gaba

Las FARC "harán la paz" por Gabo

¿El nombre de Octavio Paz en letras de oro?

Sobre oro, pero pobres

Soberanía, defensa y aplausos

Esperaron hasta cinco horas para entrar a Bellas Artes

La debilidad económica

se prolongó

El futuro se acorta y se nubla

¿Así o más transparente?

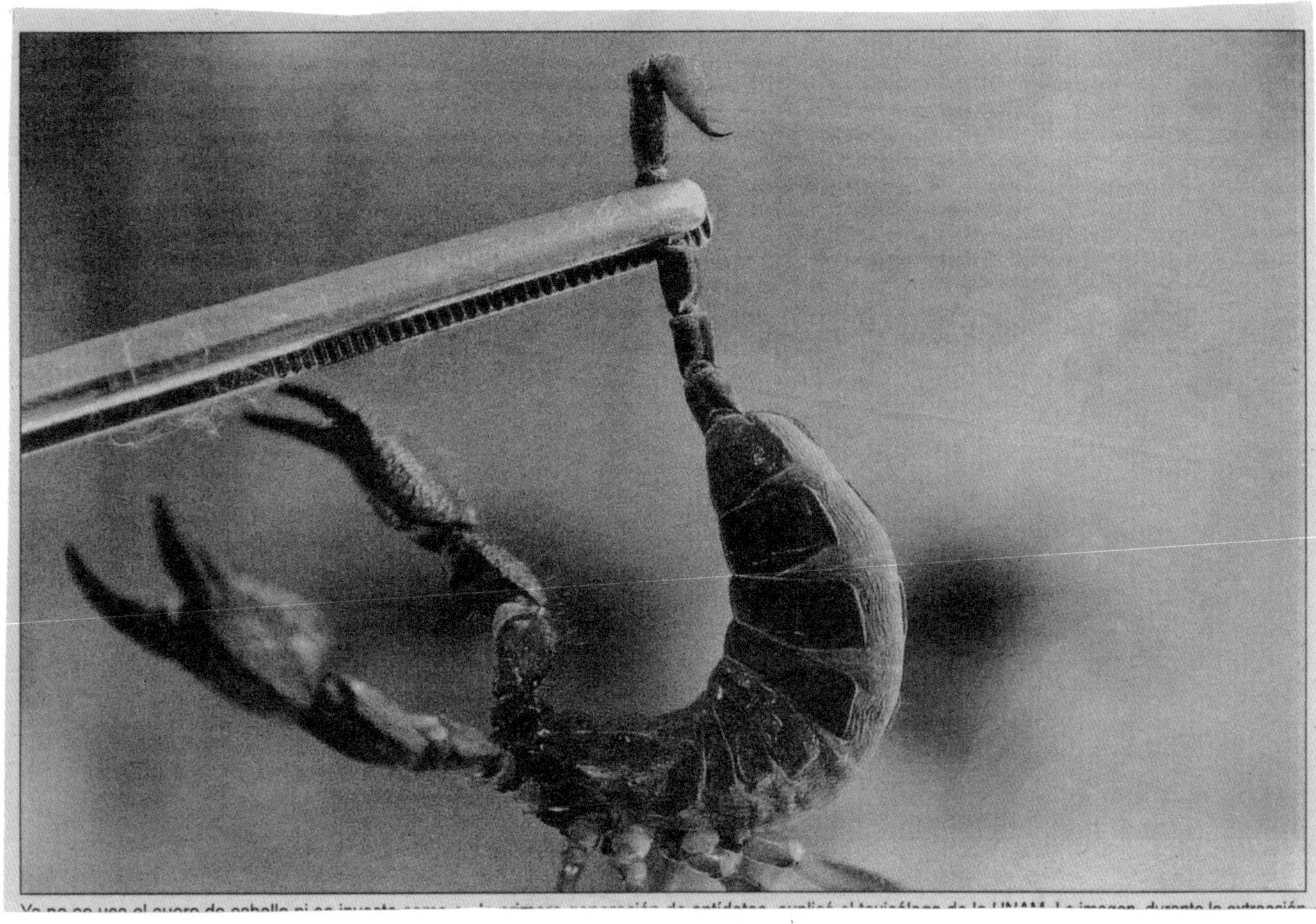

Ya no se usa el suero de caballo ni se inyecta como en la primera generación de antídotos, explicó el toxicólogo de la UNAM. La imagen, durante la extracción

Jueves 1 de Mayo del 2014

Muerte a destajo

INACTIVIDAD PARANORMAL

La Volpe, cesado por acoso

Los mexicanos, poco felices con su empleo

"Voy a seguir trabajando"

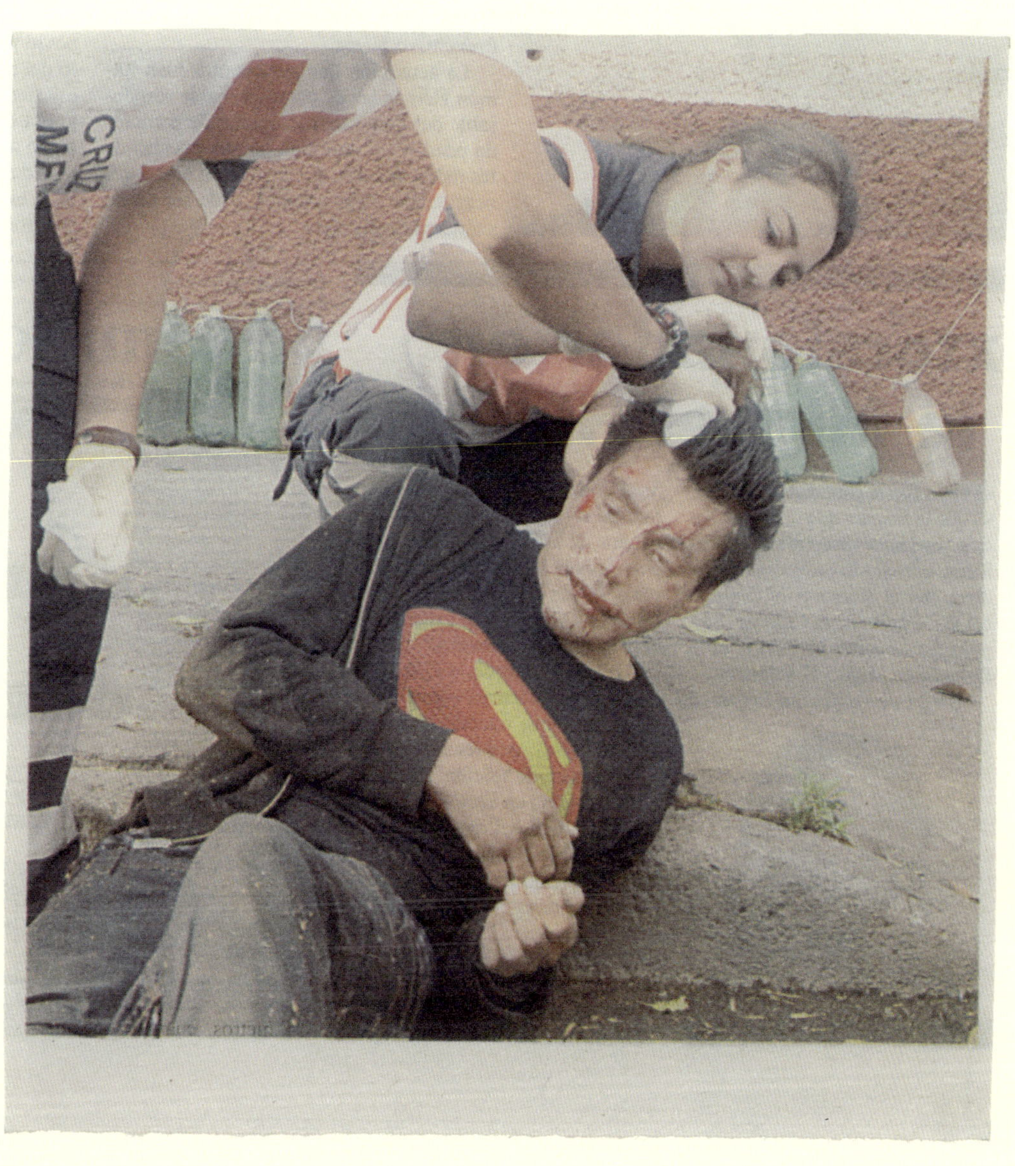

¡A correr!

"No corro, no grito y no empujo"

Sí corren y sí empujan

"¡Es la alarma sísmica!"

Segundos parecieron eternos, por *zangoloteo*

Peritos lo viven en piso 7 de edificio dañado

SECUELAS Y TEMOR

Sustote al mediodía

"Vi desnudo a mi país"

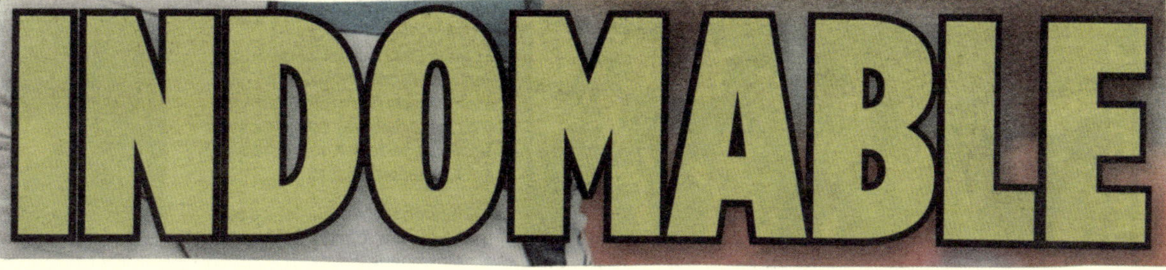

Gato por liebre

KEVIN SPACEY ACLARA

Frank Underwood destacó progreso de Peña: Spacey

El atorón

'House of Cards' (Región 4)

Maestros del horror político

ASTILLERO

"La culpa es de Internet"

Por andar de Cuarón

Colapsa El Cuajilote

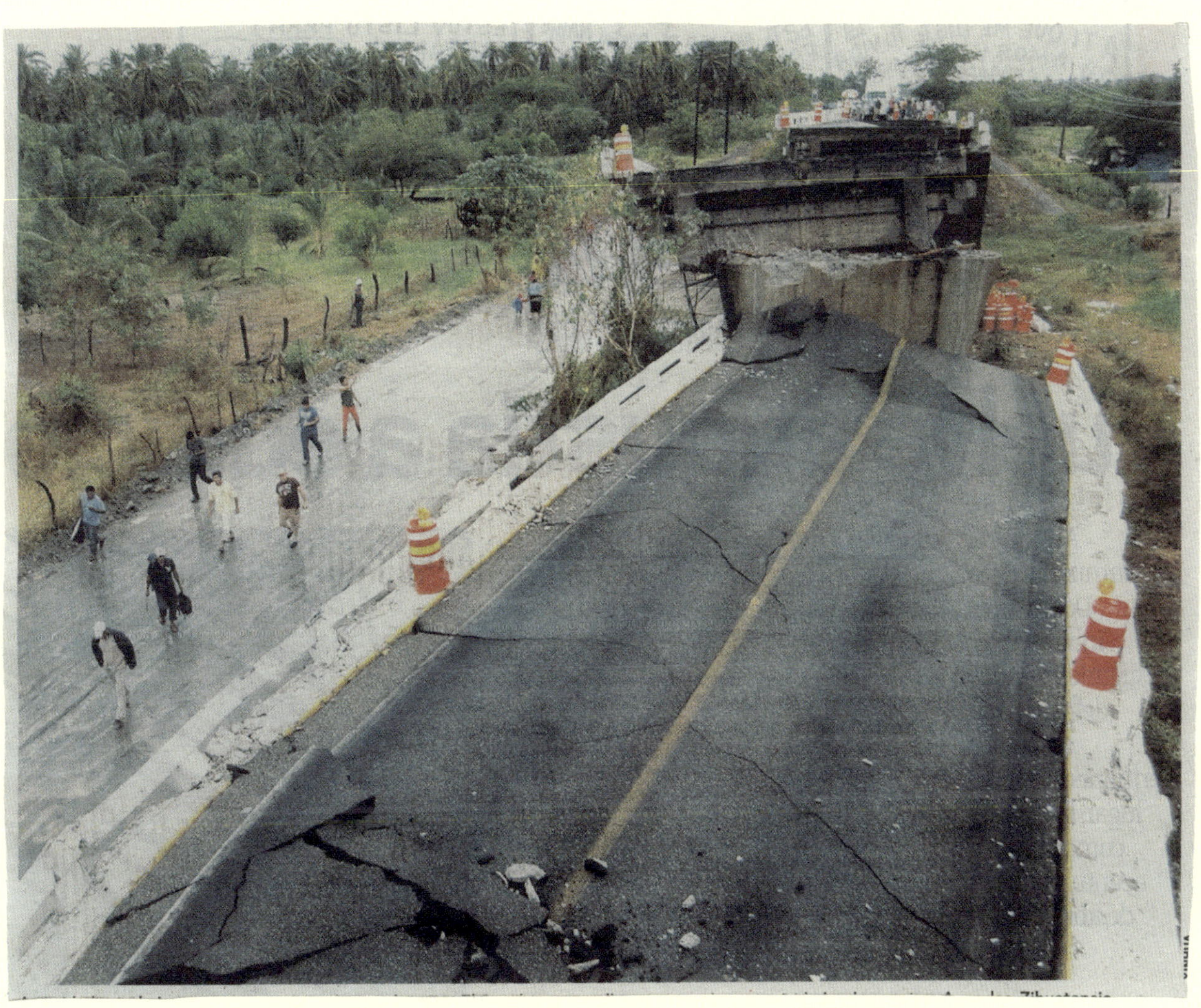

Con el pie izquierdo

Los creadores de **mitos izquierdistas**

La izquierda de regreso

La izquierda colombiana se queda fuera de la campaña electoral

TIENEN FUTURO INCIERTO

¿Y ahora qué?

China estudia usar gusanos en la dieta de astronautas

**Chino dejado por su novia
quería lanzarse de un séptimo
piso y resbaló, pero lo salvaron**

Susto los deja mudos

"Es lo mismo que ser ciego"

Algo habré hecho mal

Neto perdedor nato

UN BUEN PERDEDOR

Debuta con derrota

Las huelgas
sacuden Brasil
en vísperas
del Mundial

Relajarán senadores horarios por Mundial

¿Y si el experimento no funciona?

Fukushima ya
suelta agua al mar

**El efecto
Godzilla**

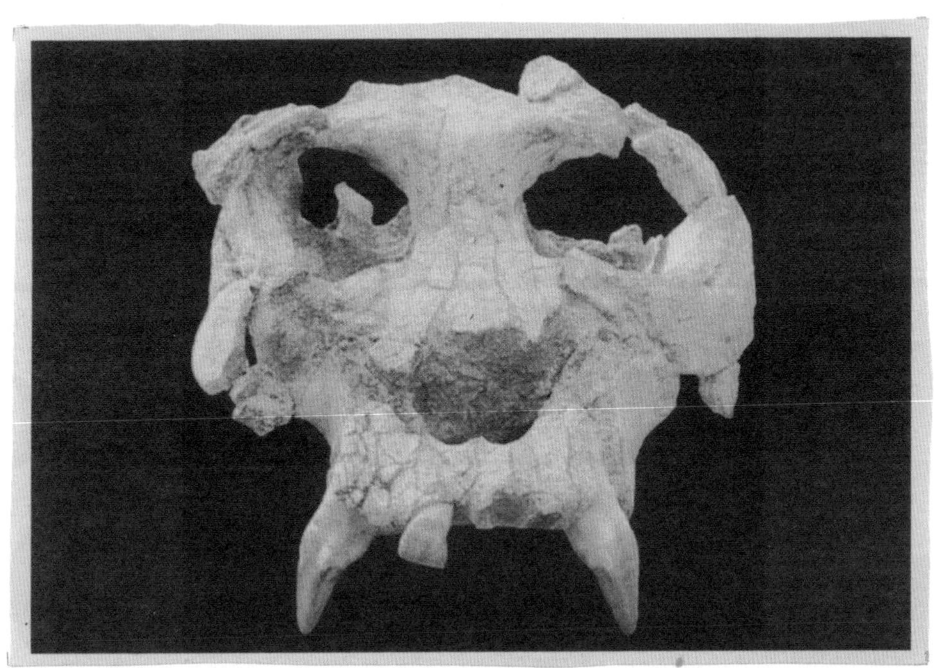

Abdicación

La abdicación

Abdicar es lo de hoy

Abdica el rey

¡FUERA!

¡Este también se va!

"Robé, sí, pero poquito"

Guardaespalda revela los lujos que vive Fidel

"Por obeso me destruyeron"

Destrucción de rifle hiere a alcaldesa

Duermen sobre una *bomba de tiempo*

Diariamente se hacen 246 llamadas telefónicas con fines de extorsión

Somos un peligro para México

"Comprábamos chicles para calmar la necesidad"

Oro en mínimo de cuatro meses

Depresión tropical No. 2 amenaza las costas de Oaxaca y Chiapas

Fraccionan isla de Holbox para construir un complejo turístico

Crece el empleo precario en el país

México baja en índice de confianza

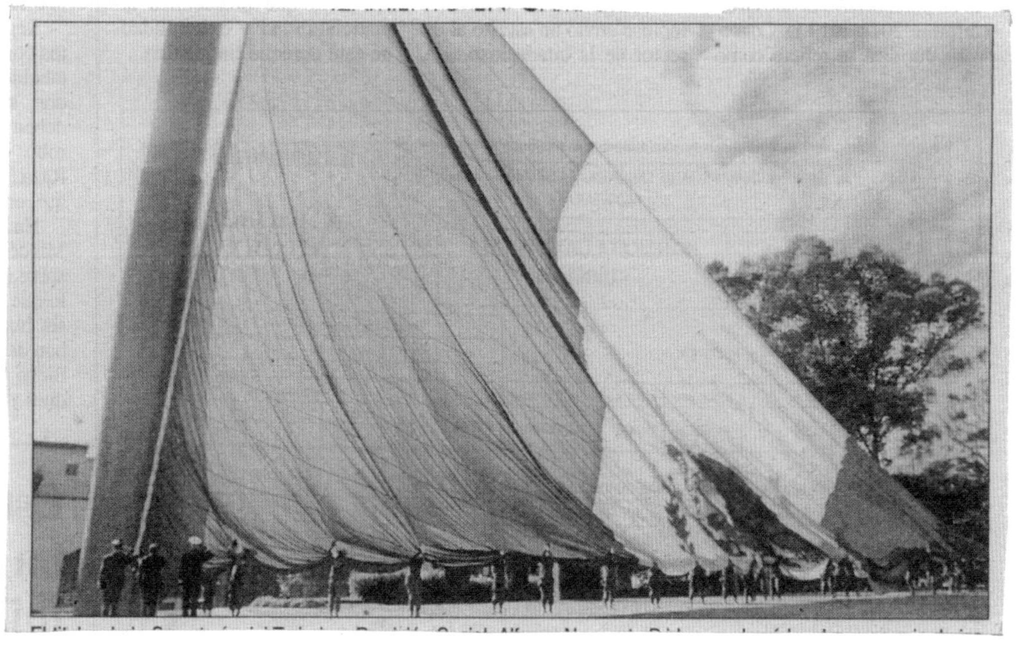

Los dientes y el balón

Urnas y futbol

Mundial y Política

Circos y animales

TRAFICAN HUESOS EN OSOS

La rifa del tigre

Tortuga 'vidente'

Victoria sin derrota

La maldición del ganador

¡Lusos!

La democracia no sirve para nada

El pensador que quiso ser pirata

La posguerra del héroe cotidiano

Frente al espejo

Solalinde: la migración de niños y mujeres, problema serio

Vecinos distantes

Rusia declara la guerra del gas a Ucrania

Rusia y EU bajan ritmo al desarme nuclear

Vampiros emocionales

EL *MOSCO,* DE VUELTA

Schumi sale del coma y es dado de alta

CAE SOSPECHOSO

Caída libre al desastre

Sembrar desastres

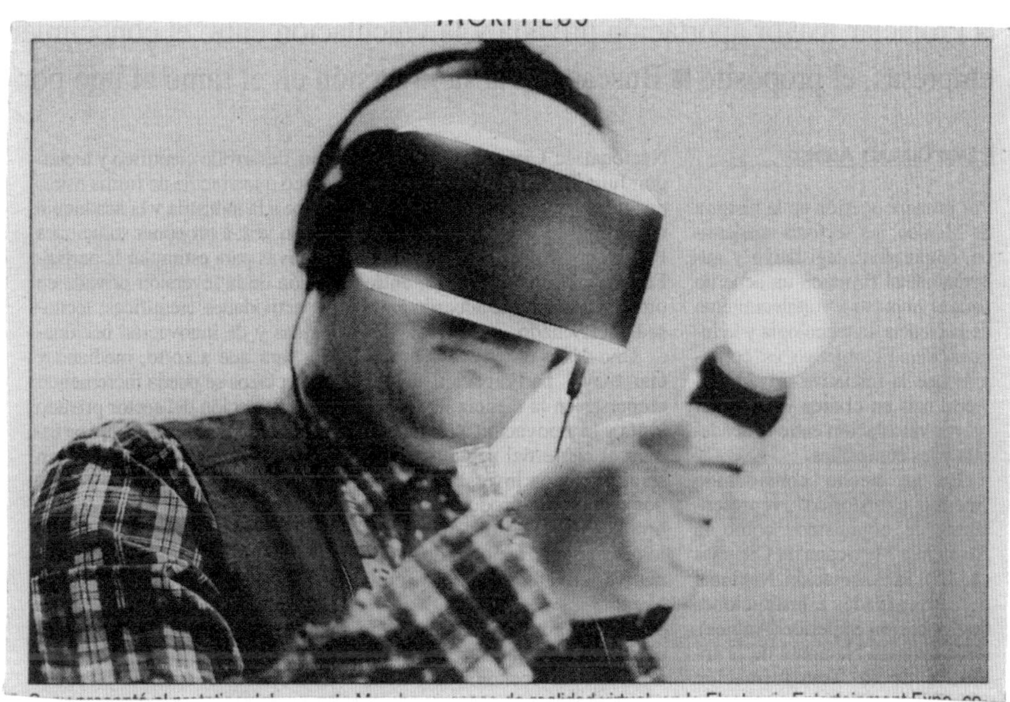

Se presentó el prototipo del proyecto Morpheus, casco de realidad virtual, en la Electronic Entertainment Expo, en

Día Internacional de los Archivos

Memorable

En las manos de Ochoa

"Hoy, futbol; al rato reformas"

"¡No ma..., no ma...!": Osorio Chong

LOS POLÍTICOS Y EL FUTBOL

Similitudes

Reflexionando sobre los circos

El Mundial no es el problema

Afanes pedestres y gloria nacional

México destiñe a Brasil

Policía
dispersa
protesta
en Brasil

La policía investiga el uso de armas de fuego por agentes en Maracaná

120 francotiradores en los tejados

Un misil en la azotea

Balas perdidas

Miraban el Mundial y los sorprendió ataque explosivo; hay varios muertos en Nigeria

Con los pies en la tierra

Respiramos 1.5 kilogramos de mierda cada año

Cuesta 1 mdp quitar chicles de la Plaza de la República

La cultura y el sector inmobiliario lideran la devaluación de los sueldos

Fraude de Oceanografía deja a 9 mil sin empleo

GRANIZADA PROVOCA CAOS

Pospuso Peña Nieto su gira a Oaxaca por el mal tiempo

Obama propone crear el mayor santuario marino del mundo

■ *Triángulo de las Bermudas* **en Veracruz**

"Border Patrol escoltó armas para El Chapo"

Bolsa de mañas

Extraños rituales de los astronautas

Bruce Willis se disfraza de mujer en el Día del Padre

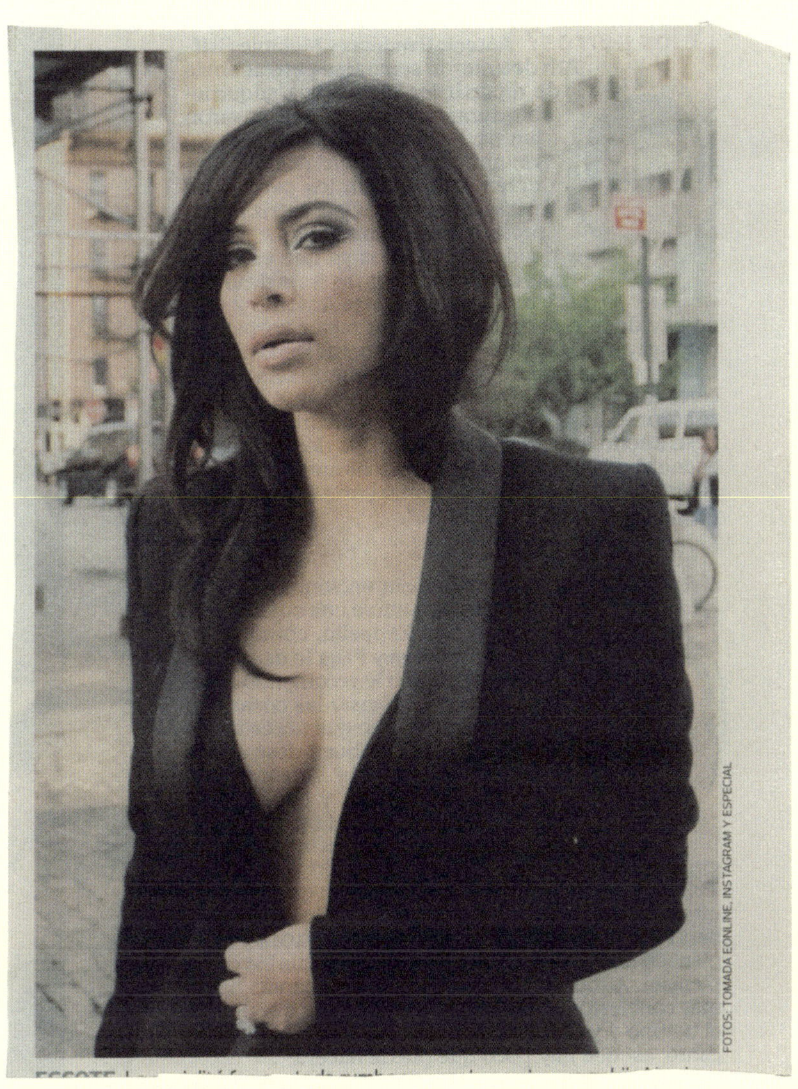

FOTOS: TOMADA EONLINE, INSTAGRAM Y ESPECIAL

Robar a Robben

'ROBBO' FUE UN ROBBEN

¡Ya no nos Robben!

Robben, todo un actor, coinciden famosos

¡Nadie nos robó!

Roban tienda tras partido

Persisten robos en Metepec

TIROTEO EN LA CALLE BOURBON DE NUEVA ORLEANS

Matan a dos hombres en bar de la Nápoles

Ocho muertos por la celebración de Colombia

Cancelada la fiesta, los mariachis callaron

Suena brutal

Malditos octavos

Robben en las leyes secundarias

Temblor de 5.8 grados ritcher pasa inadvertido

Alistan aprobación de ley en telecom

CUESTIONAN NUEVA LEY

'Inventa un penal'

Ejercen acción penal contra Mireles y lo trasladan a penal federal de Sonora

"El bote"

¡Duele!

DEL CIELO AL SUELO

¡Nunca tan cerca!

Fin del sueño

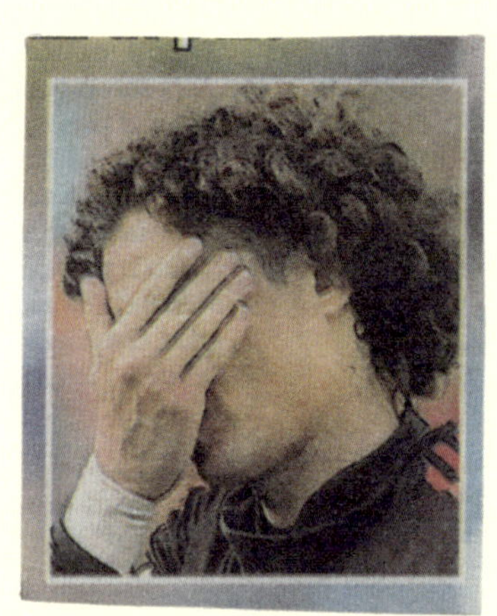

Fondos buitre, un problema político "mundial"

Harta
del Mundial

'La Coca' es chiva

El pez grande se come al chico

¡PROTEGEN A RATAS!

Se infarta asaltante tras su persecución

Consignan a
dos por robo
a camioneta
de valores

Matisse robado vuelve a Caracas

Rescatan a 15 indocumentados
de la caja de un camión

Condusef alerta por
fraudes con autos

Miembro de FIFA
operaba reventa

Corrupción
acompañó
al Tricolor

Corrupción sepulta
la carrera de Sarkozy

Amenaza huracán fiesta del 4 de julio

Deslave de tierra atrapa a 11 mineros hondureños a 80 metros de profundidad

Dos muertos y cuatro lesionados en incidentes causados por mal tiempo

MURIERON 20

Sombras

Restaurante en Colorado permite a meseras portar armas

LANZAN PETARDOS EN CHABACANO

Temen a bomba "indetectable"

UNA OLLA EXPRÉS

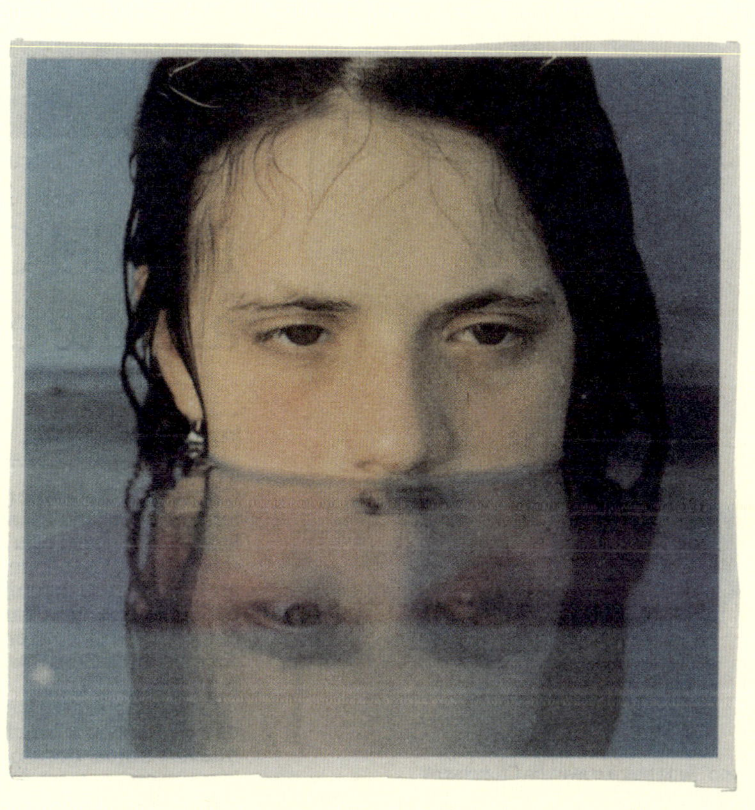

Subastarán carta de Karl Marx

La gran paradoja

A 53 grados, tienen de adorno aire acondicionado

Conagua reducirá 10% caudal al Valle de México

En Cuautitlán, el agua subió 50 cm

GOLPEA TIFÓN A SUR DE JAPÓN

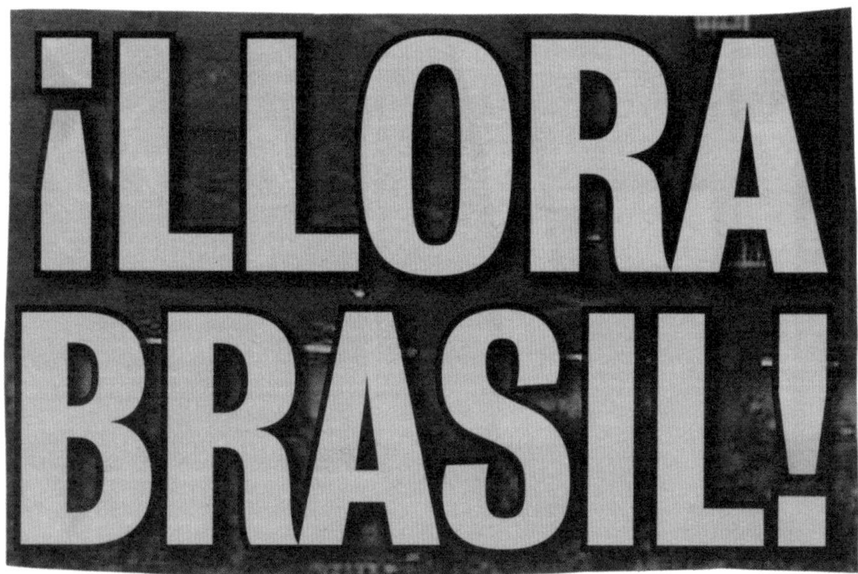

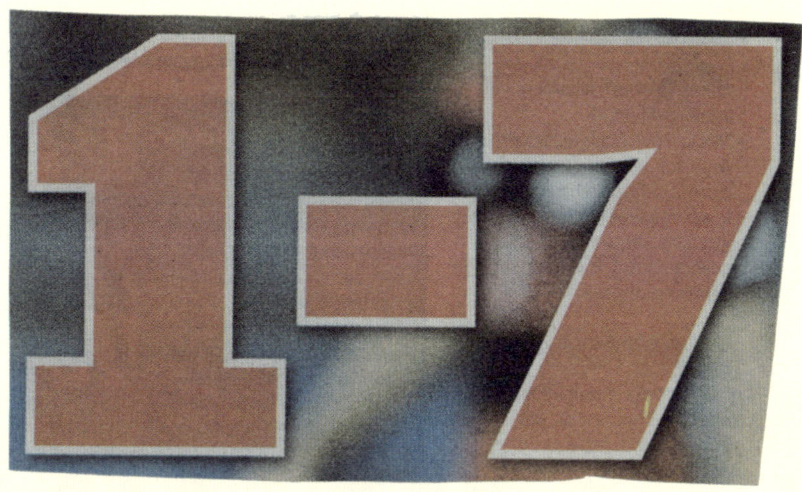

1·7

Estallan protestas en
Brasil tras derrota

Un muerto en disturbios en Brasil tras la derrota

Desmanes por la derrota

Desatan desmanes

GAZA: DE NUEVO, LA BARBARIE

Tiene 12 años y viaja solo sobre "La Bestia"

Detienen a un hijo de Pelé

Un atraco de película en Brasil

¡Cataclismo!

El ridículo brasileño

Los *memes*, como la cultura humana, "son infinitos, complejos y plásticos"

Selfies culposas

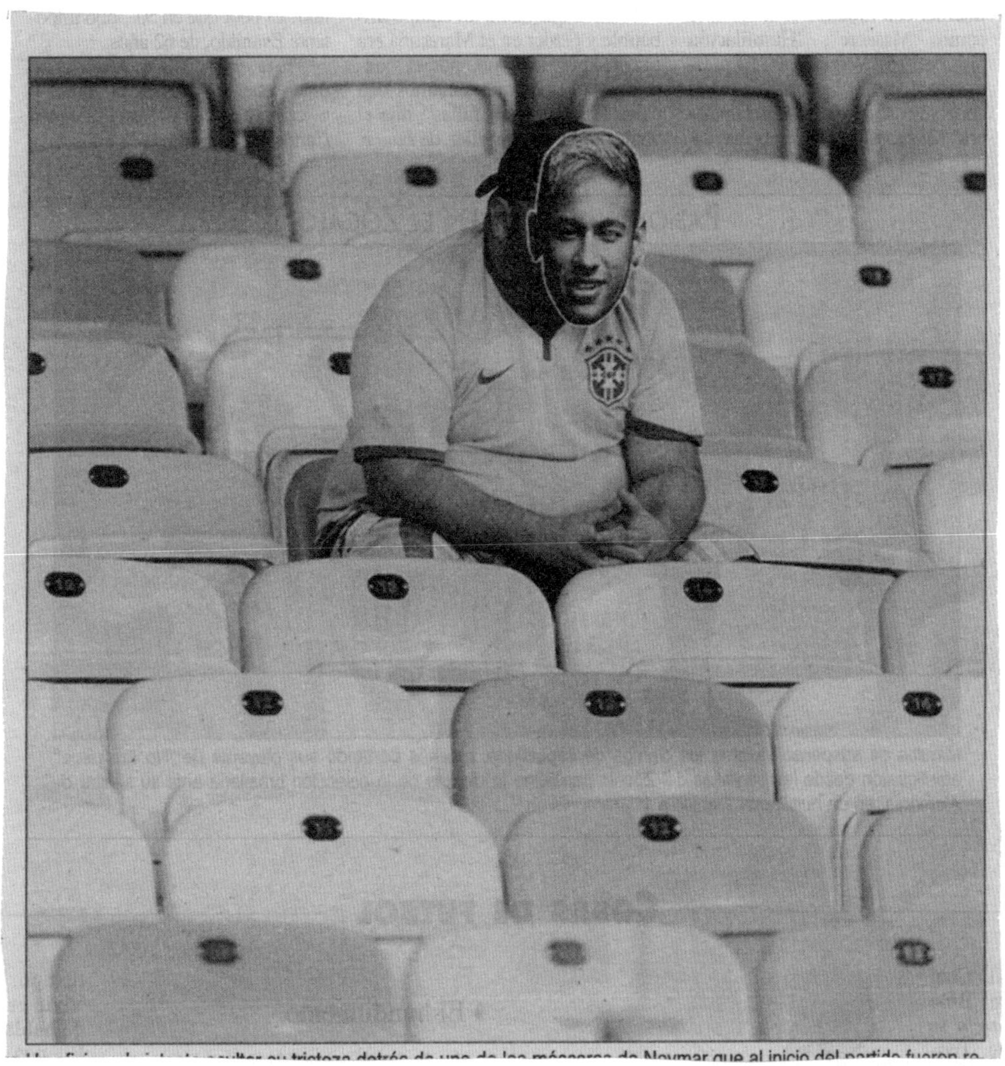

Un aficionado intenta ocultar su tristeza detrás de una de las máscaras de Neymar que al inicio del partido fueron re-

La Bella y la Bestia

Cuatro empresas, las que manejan *La Bestia*

» Rihanna se enreda con el conflicto Palestina-Israel

Baile en la tumba de Diego Rivera

Le entran al porno por amor al arte

No es lo mismo pero es igual

La ley de la más fuerte

Slim, nuevamente el más rico del mundo

Presume su clase

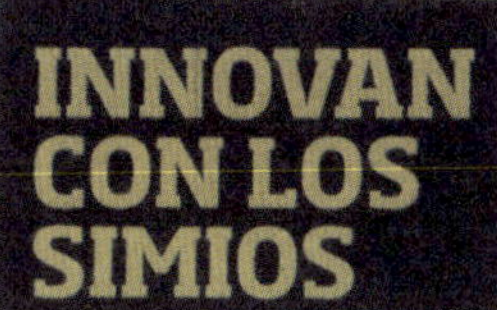

"Me vieron enjaulado y no hicieron nada"

Liberan al hijo de Pelé

Una pesadilla, su pasado "oscuro"

Detenidos 35 empleados de Disney World por pederastas

Lejos de la confianza

Tragedia en el Metro de Moscú deja al menos 20 muertos

Atentado
deja 89
afganos
muertos

Le cayó la muerte del cielo

Su futuro sigue en el aire

Grieta en la cúpula

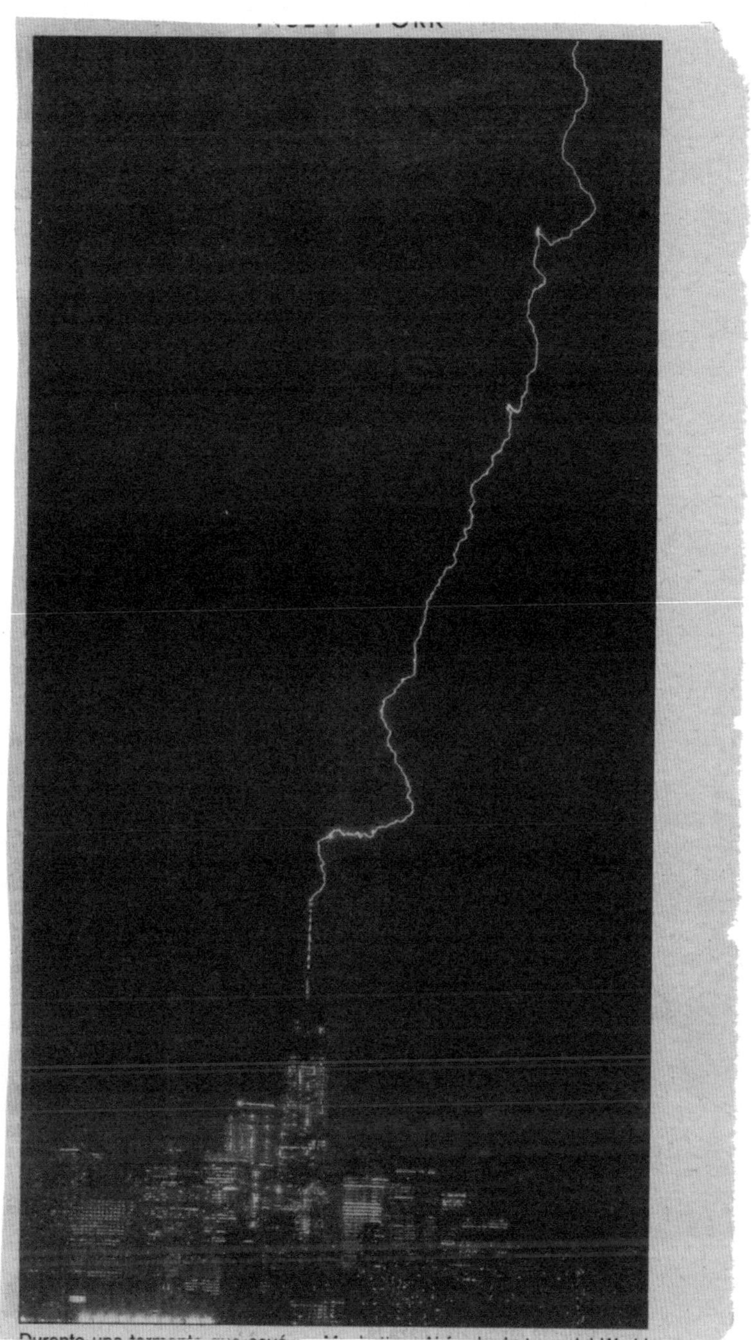

Durante una tormenta [...] Manhattan [...] World

*Miedo
de verano*

El bien que se hace mal

*Atrocidades
en nombre
del amor*

Secretos a voces

FUMA HIERBA
EN CASA BLANCA

Marihuana legal

Subastarán
el piano de
Casablanca

**Los prorrusos
aceptan entregar
los cadáveres y
las cajas negras**

- **Atribuyen**
- **derribo**
- **de avión**
- **a error**

Funerales en Gaza son más peligrosos por ataques aéreos

Insiste Gobierno en abrir 'cielos'

CANCELAN VUELOS A ISRAEL

Obama recibe a astronautas

Elaboran el mapa más completo de Marte

Espera la OMT 450 millones de turistas

China concede un crédito de 4.000 millones a Venezuela

Fondos buitres en Argentina

EU captura a 192 *coyotes* en un mes

Migrantes: bomba de tiempo

Inflación y desigualdad

TELEVISA Y *LO QUE LA VIDA ME ROBÓ*

La era del deshielo

Caen ventas de Coca-Cola

Fuego cruzado contra Banamex

"Vamos a dar guerra"

PICANDO PIEDRA

Contador se rompe la tibia y el negocio se quiebra

Su 'Bestia Negra'

El futuro del pasado

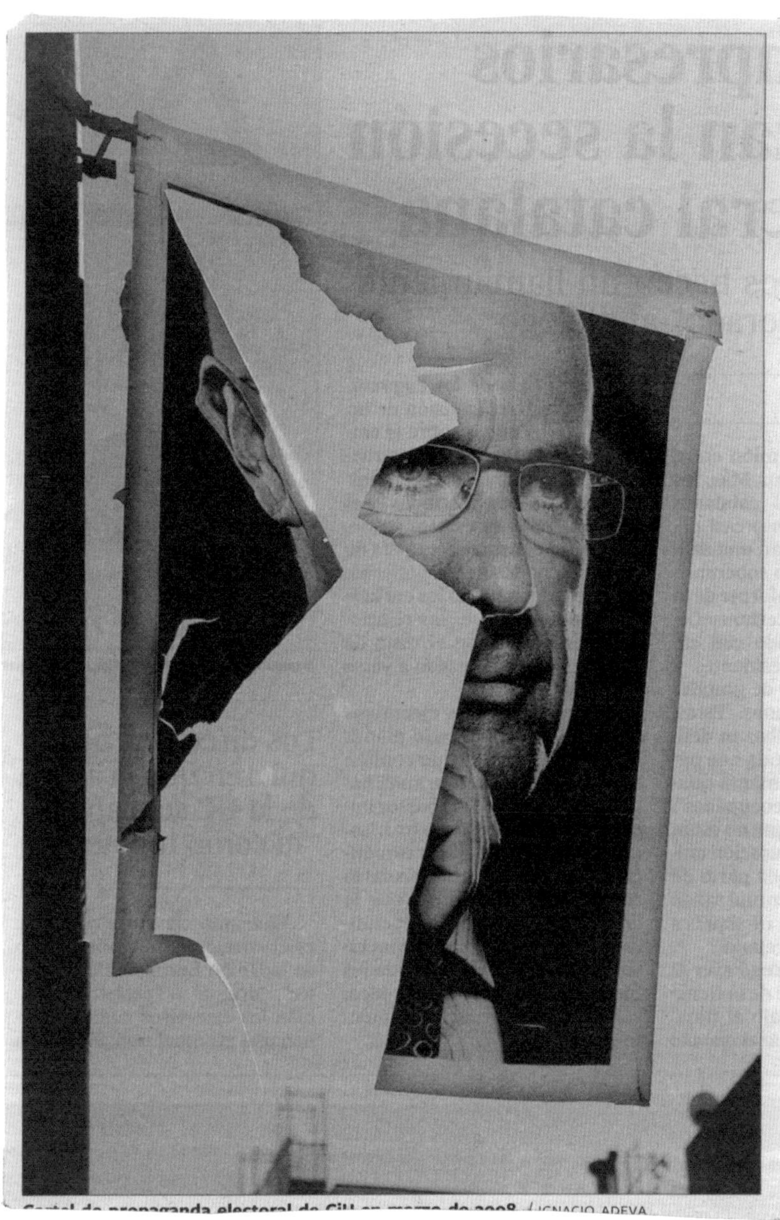

Cartel de propaganda electoral de CiU en marzo de 2008. / IGNACIO ADEVA

El frío invierno de los cursos de verano

Putin juega con fuego

¡INDESEABLE!

Cuando el rugido llama

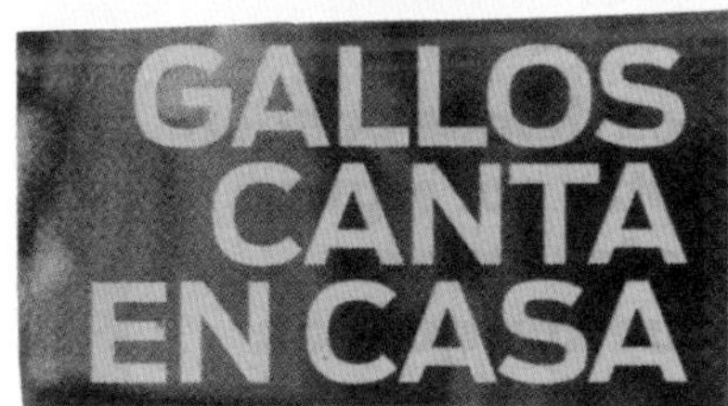

¡Una víbora en la Cámara de Diputados!

Fue un debate entre víboras

Hacen funeral con todo y víbora

Descubren fósil de cocodrilo; data de hace 90 millones de años

Sacan chapulines raja

Clausuran tres verificentros más; detienen a 5 *coyotes*

Jerry y el lobo

Protegen al lobo mexicano

Rescatan 400 huevos de tortuga en Colima

AYUDAN A LA CIGÜEÑA

ENSEÑA SU EMBARAZO

Alza hija de Gallagher voz por los animales

¡Animales!

Los ojos de los animales

Mis bestiales semejantes

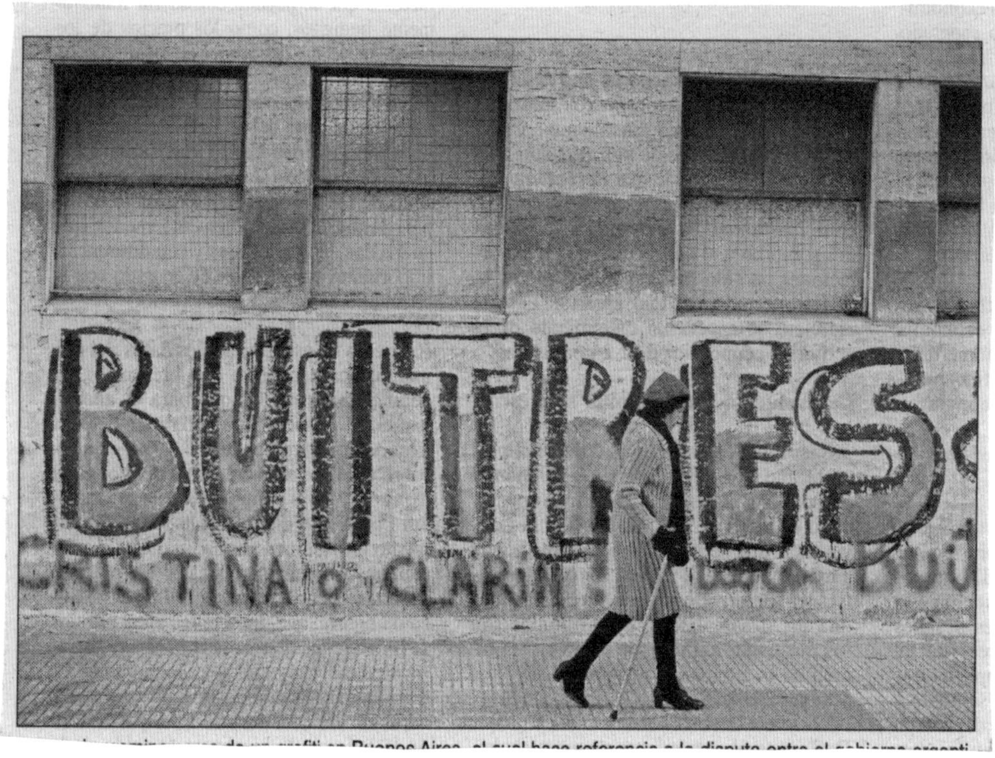

... de un grafiti en Buenos Aires, el cual hace referencia a la disputa entre el gobierno argenti...

Mitos contra mitos

Entre los escombros

"La Chingada", "Está Cabrón" o "Salsipuedes", sí existen, confirma INEGI

De Salsipuedes a Válgame Dios, los pueblos en México

MÉXICO PIERDE UN TERCIO DE BOSQUES

México y Colombia celebran 20 años de libre comercio

Rumores chinos

Un club de dudosa reputación

Vida temeraria e inacabada de El Nene

Los salarios
y el miedo

Fiscalizan limosnas

El retorno de la historia

Mañana olvidarás

Dudoso porvenir

**Observe hoy
por la noche
la "superluna"**

VUELO CONGELADO

Cómo no volver a extraviar un avión

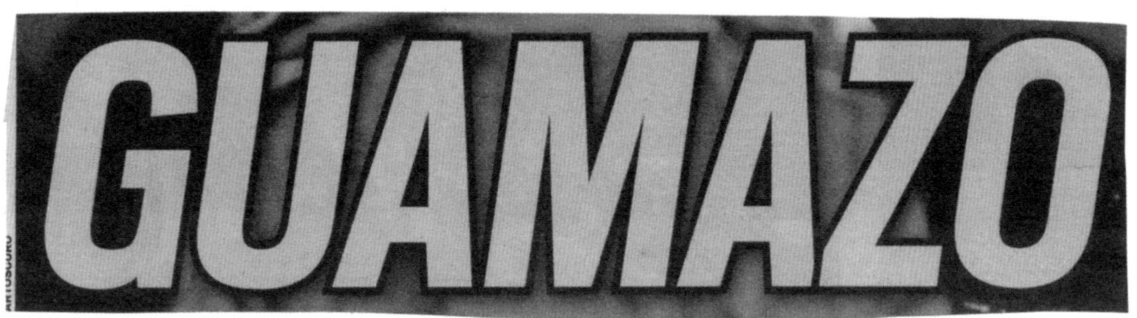

GUAMAZO

La destrucción del paisaje

Hacer visible lo invisible

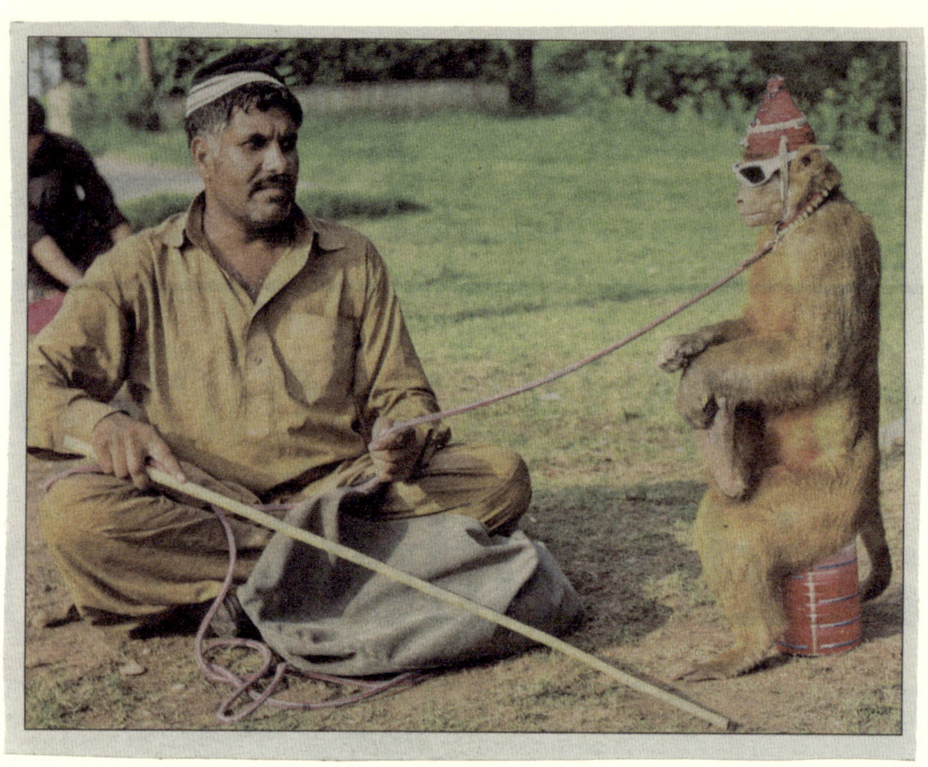

Escenografía de la chatarra

En 2050 los humanos consumirán recursos de tres planetas

Aumentó a mil 229 la cifra de fallecidos por el virus del ébola

Ciegos

Disturbios raciales en EU

El problema racial

SOS

Otro muerto a tiros en San Luis

POLICÍA MATA A OTRO AFROAMERICANO

Los disturbios se desbordan en Misuri

Caso Ferguson preocupa poco a blancos

Ventanas rotas en Nueva York

Una obra de miedo

Atenderá PGR el robo en Cineteca Nacional

ROBO 'DE PELÍCULA'

Asalto de película en sucursal bancaria del Centro Histórico

Fingen ser custodios y roban 10 mdp

Un engaño millonario

¿Más relajamiento monetario?

"Tendremos una auténtica banca de desarrollo"

Las leyes de la economía

El río envenenado

La lluvia no fue culpable: Guerra

Crisis que no acaba

Suárez promete no morder

Es tiempo de esperar

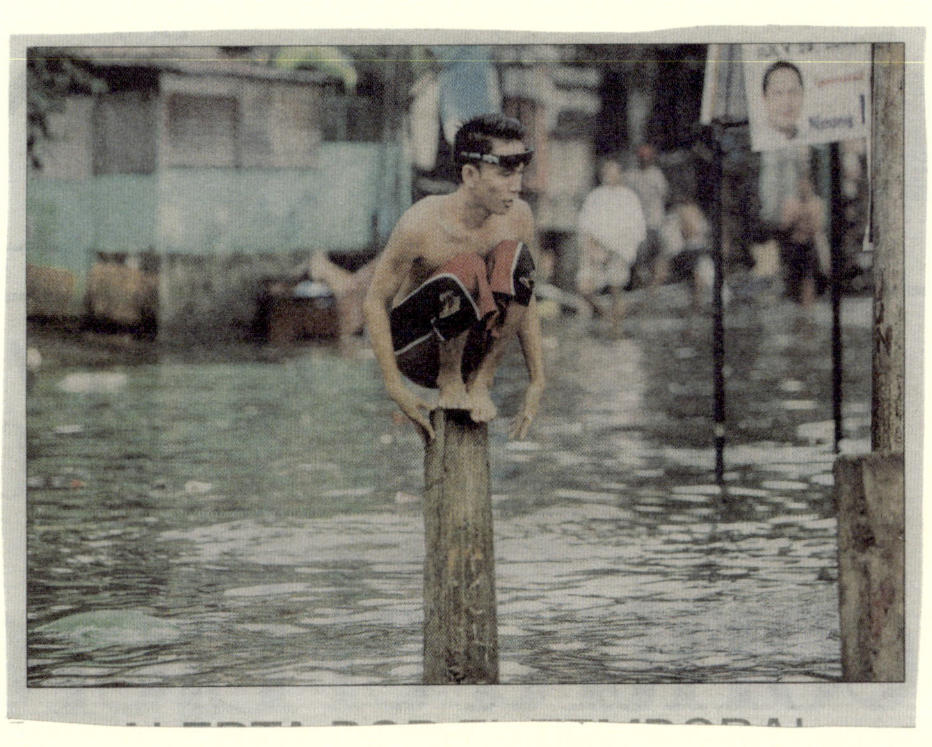
ALERTA POR EL TEMPORAL

El jefe de sicarios de Pablo Escobar teme por su vida tras ser excarcelado

Misterio, paradero de sicario "Popeye"

Liberan a sicario de Escobar: "soy nuevo"

Por primera vez observan el núcleo del sol

Eureka apremia a poner fin a la impunidad

Discusión descompuesta

La cultura de la corrupción

Sobornos, S. A.

MÉXICO SA

La trampa y los tramposos

Imputan por corrupción a la directora del FMI

Detectan brote de piojos en 35 escuelas

Virus del ébola impacta en la economía africana

Empresa de Jessica Alba lista para salir a Bolsa

Descubrimientos de crudo continúan decepcionando

Estima EU más crudo para México ¡hasta 2040!

El Fondo

El fondo del Fondo

Encuentran osamenta en fondo de pozo, en Guerrero

**Al fondo
del río Sonora**

Nobel de Medicina convierte
recuerdos malos en buenos

Evoca un país
que ya no está

¿En qué siglo estamos?

Una dinastía orgánica

La hora del guisante blanco

Azúcar: Ojo por ojo

Edulcorantes
se fortalecen
ante disputa
Méxco-EU

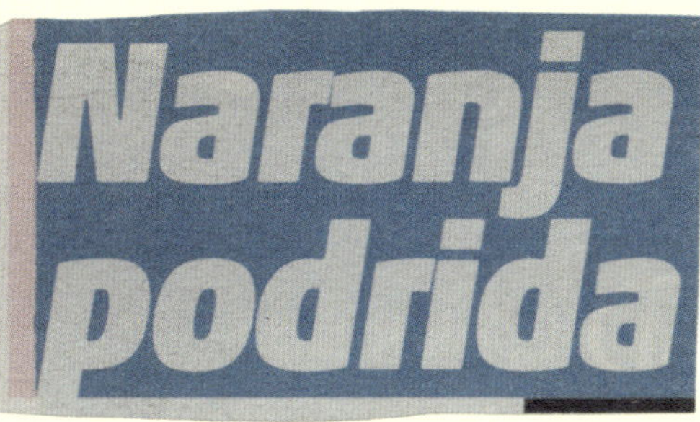

Llevarán
pimiento
de Sinaloa
a Japón

Para Burger King, el negocio está
en el nombre

A seguir pasando
hambre

¿Vivir o sobrevivir?

El azúcar se amarga

Turrón

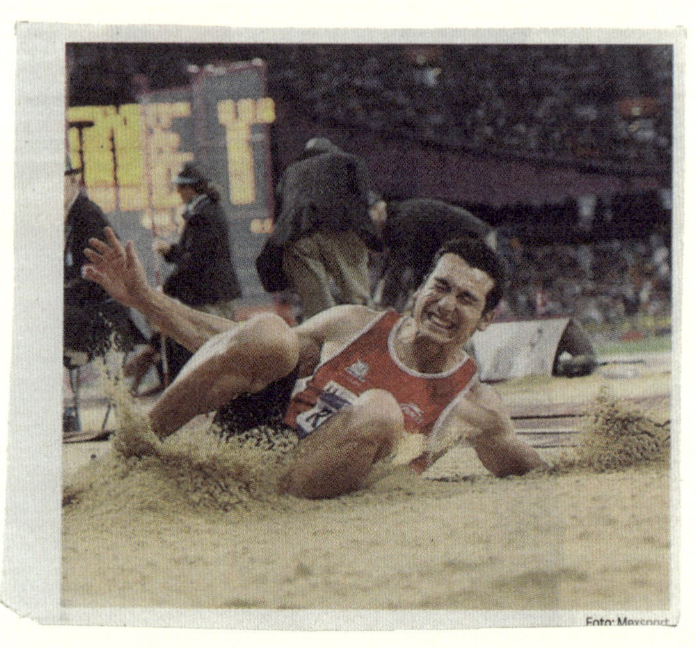

VIERNES 5 DE SEPTIEMBRE DEL 2014.

Antihomenaje con ojos de Parra

CUMPLE UN SIGLO DE VIDA

El antipoeta centenario

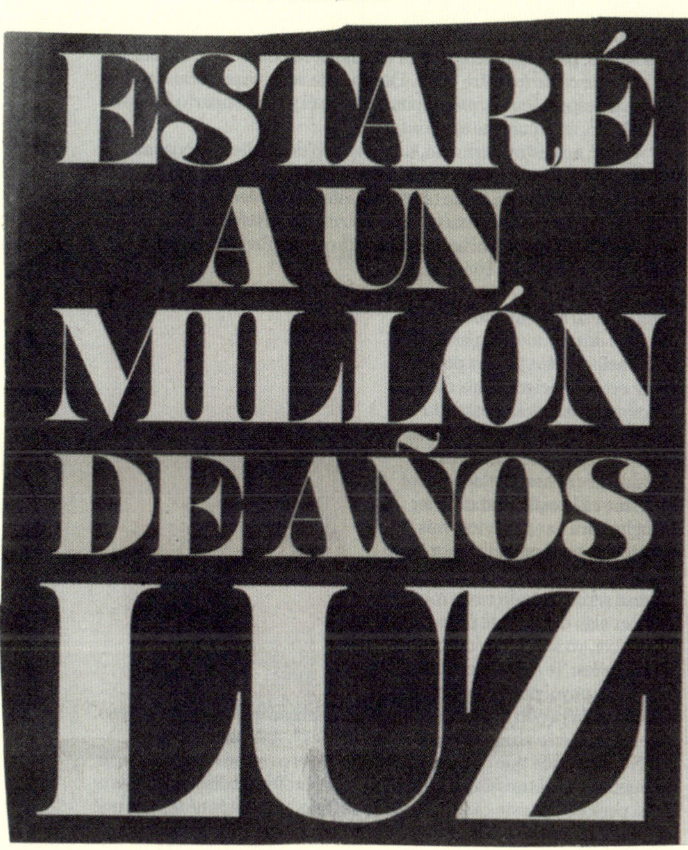

Scarlett
Johansson
dio a luz a
una niña

Carne bien hecha

"¡Qué falta de huevos!"

"A veces las cosas no salen"

Cae en Madrid *narco* mexicano que traficó 150 mil kilos de *coca*

Detienen en Argentina a supuesto líder del narco con problemas de movilidad; pesa 250 kilogramos

Cae un pez gordo

Sospechan arreglo

Morelos busca en Colombia mejor modelo de seguridad

No hay círculos rojos

"El medio millón era para pagar un cuadro"

El difícil arte
de guardar silencio

Cuñado de ex gobernador,
en la mira de EU por *lavado*

Alertan de desvío

Mantendrá su fuerza
el huracán "Norbert"

ESTÓMAGO DE LAVADERO

Al filo del agua

Agua apestosa

Llueve sobre
mojado

Es la L-12
desastre

Un desastre

El nuevo desorden mundial

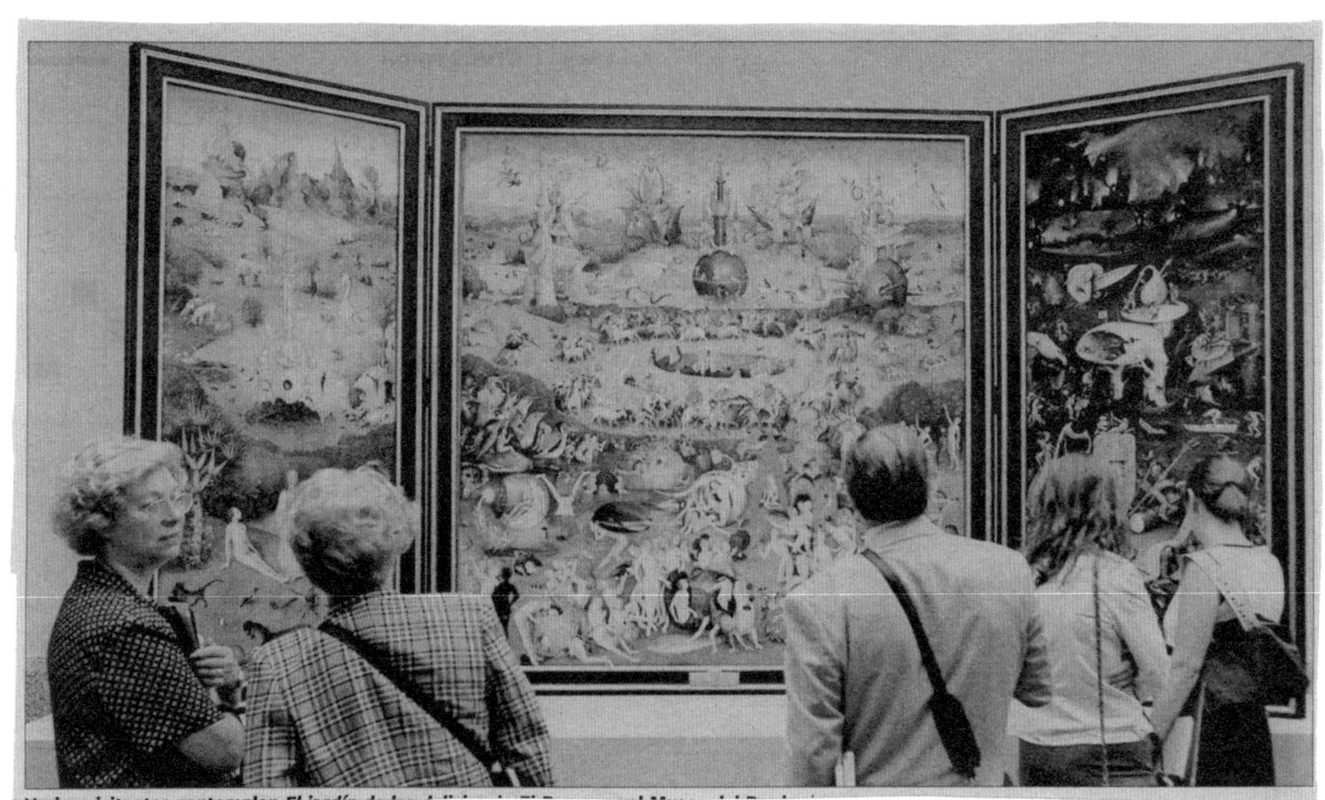

Unos visitantes contemplan El jardín de las delicias, de El Bosco, en el Museo del Prado.

Ser declarado inocente, pide Raúl Salinas

Maradona se pelea en un bar en Croacia

El rey Juan Carlos alista ya el divorcio para casarse con su ahora amante, la alemana Corina

El Vasco Aguirre aún no gana con Japón

Honda alista auto que se maneja solo

El suicidio, problema serio de salud pública

¡APARECIO **SIN VIDA!**

Muere simio adivino

No es fácil vivir cuando te caen 20 bombas al día

CACERÍA DE PIROTECNIA

Incineran 1,639 plantas de coca en Chiapas

La Bestia se descarrila una vez más en Chiapas

BUSCA VOLAR

Se les va el avión

Holanda revela informe de vuelo de Malaysia Airlines

Mueren cinco al caer avioneta en Sinaloa

Un caza Su-25 ametralló la nave, sostiene Haisenko.

Confirman que avión fue derribado

Accidentes provocados

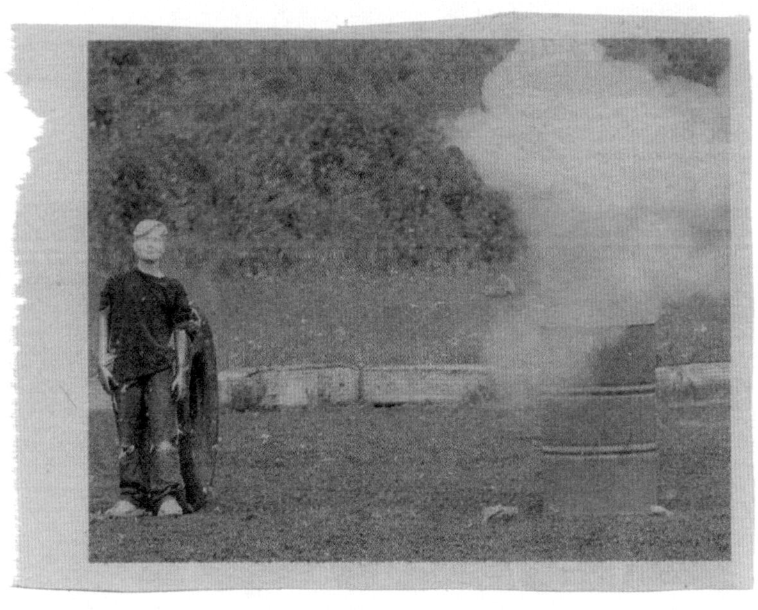

Secuelas de *Odile*

Odille: ¿y el Estado?

Lo que viene tras Odile

¡LO VOLVIO A HACER!

Reanudan disturbios en Ferguson

Conciencia de abismo

ADIÓS A NY

¡Qué desilusión!

El final de una era

Pesimismo ilustrado

Testigo permanente de la historia

Tlatlaya

La Tuta, el poder real en Michoacán

Abren en Chihuahua proceso penal a 100 abogados por falsos litigios

Falsificación, delito impune

Jalisco reconoce fallas en torno al plagio y muerte de diputado

El crimen que involucró a Salinas

Instinto cazador

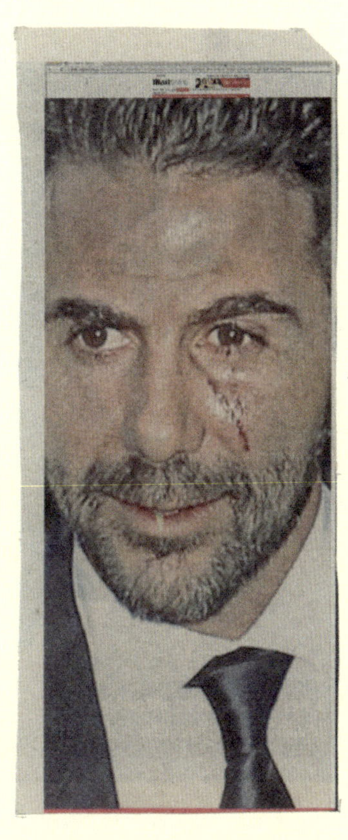

Imelda pierde sus cuadros

PERDIDA

Cuando el arte es un arma diplomática

Y los alumnos dieron un "no" a los diálogos al vapor

¡HUELUM!

Estudiantes cancelan diálogo en Hong Kong

Demasiados agraviados

Entre jetas y tarjetas

Tragedia y desconcierto

"Los bajaron del bus y se los llevaron, yo lo vi"

¡43 detenidos! ¡Y les vale!

Ni rastro de 43 normalistas en Guerrero; quitarán fuero al alcalde de Iguala fugado

Implican a dos *cárteles* en la desaparición de 43 normalistas

El jefe de la policía de Iguala clonaba patrullas para "trabajitos especiales"

La masacre permanente

Llamarlo infierno es un eufemismo

La noche llega para todos

El tiempo de la distopía

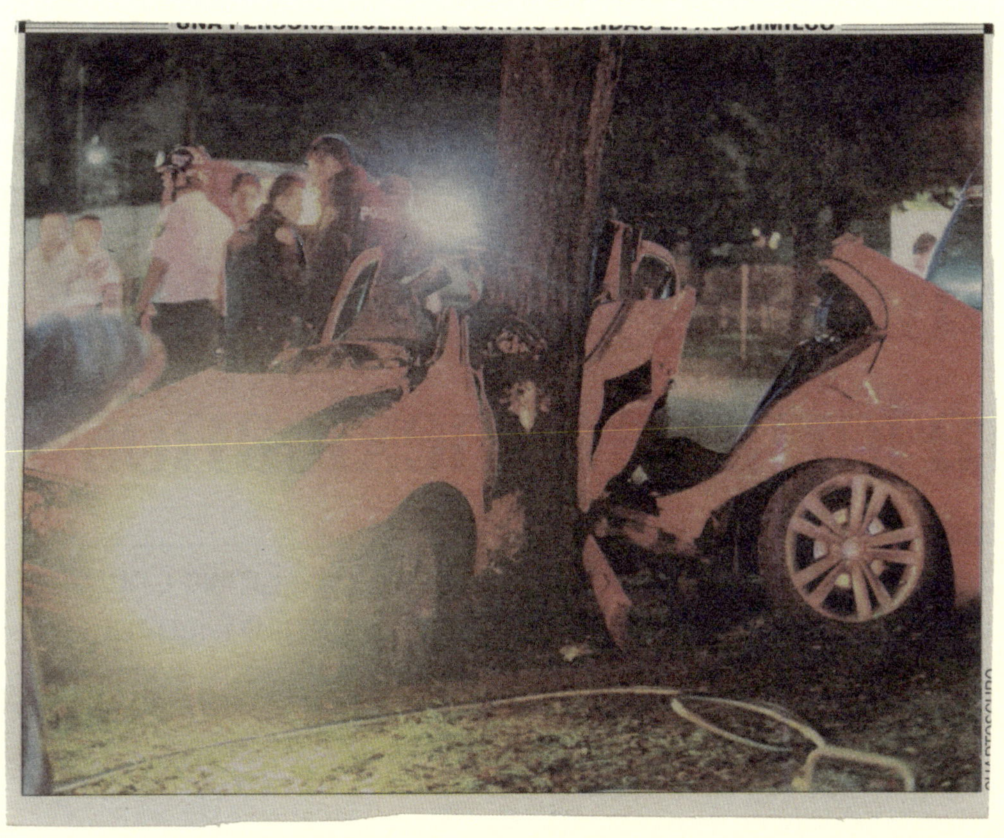
UNA PERSONA MUERTA Y CUATRO HERIDAS EN XOCHIMILCO

Impunidad y... refinería

Iguala o la impunidad

Algo podrido en Iguala y México

La pareja que bailaba entre cadáveres

Ya se investiga a mujer del alcalde, notifica PGR

Ayotzinapa: nadie sabe nada

Indignación por Ayotzinapa

en todo el país

**Debilidad institucional
en ciertas zonas: Peña**

Fosas

Exigen renuncia
de Ángel Aguirre

**"El PRI creyó que podría
administrar el infierno"**

Se vestía de policía
para vender droga

*Veracruz impulsa
el comercio legal*

Violencia ilegítima

Confían que no están muertos

Las raíces de una tristeza

Los aullidos del lobo que vivía sin manada

Deslumbra a mexicanos segundo eclipse total de la "Luna de Sangre"

LUNA DE SANGRE

Geografía del dolor

CADÁVER LLENO DE MUNDO

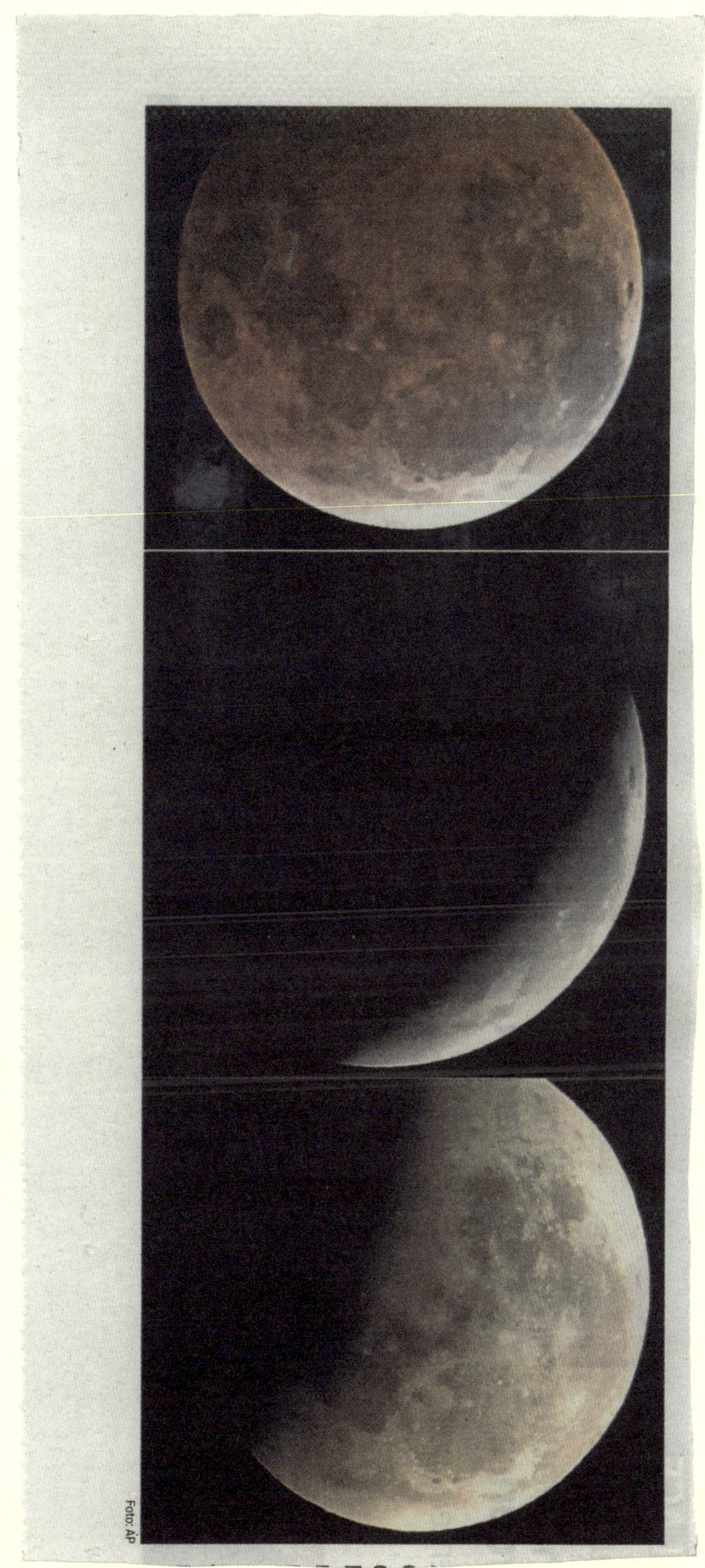

Foto: AP

Dron, wifi, 'hacker' y tuit ya son palabras

Asesinan a tuitera del norte

Y de repente, la tormenta

Lluvias golpean Tabasco y Guerrero

Y se prevén tormentas este fin de semana

La realidad, con las armas de la ficción

Llega *La dictadura perfecta* al Senado

Banamex, bajo la lupa de PGR

Hermanos ladrones

Ladrones venderán al kilo una escultura

Costó escultura $790 mil; ladrones le sacarán $30 mil

¡A picar piedra!

Policía Federal rastrea por tierra, agua y aire a los desaparecidos

Nadie regula el crecimiento exponencial de drones

Ya tienen el dron

Tunden a ladrón

Los fracasos de Peña Nieto

Tierra de nadie

Michoacán *blinda* sus límites con Guerrero

Levantamientos masivos y fosas clandestinas, cotidiano en Iguala

MÁS FOSAS EN IGUALA

"¿Estamos sentados sobre cadáveres?"

Dudas de Ayotzinapa

*Guerrero
nos retrata*

Guerreros Unidos operan en Ecatepec

Hoy la gran final de "Soy tu Doble"

Iguala nos iguala

Petróleo, a la baja; el dólar, más caro

Los mercenarios

Tras la miel de la abeja

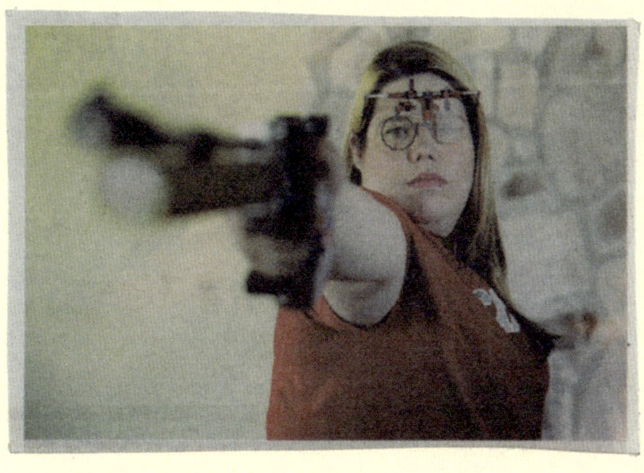

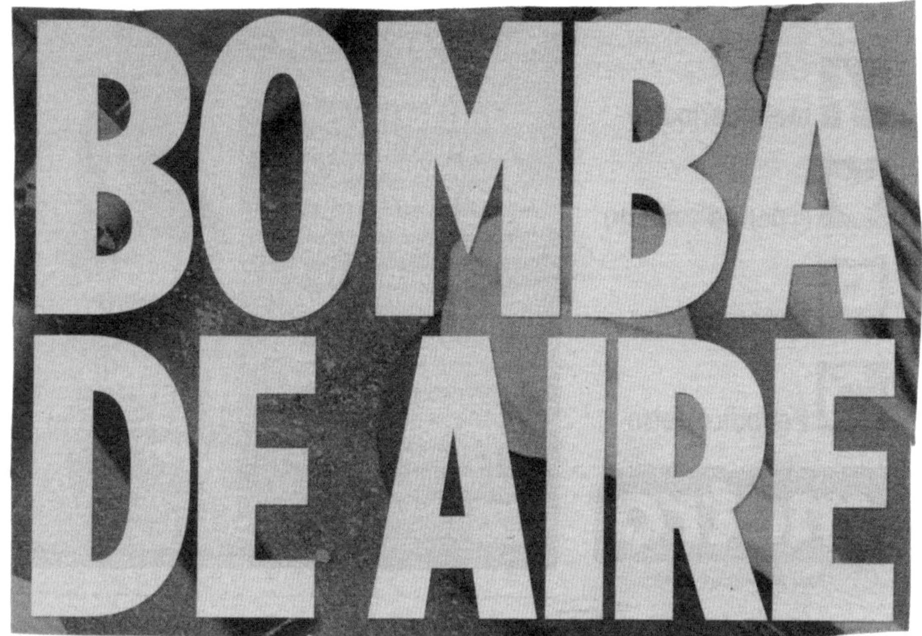

BOMBA DE AIRE

Identifican amoniaco y metano en el cometa 67P/Churyumov

Un sol mordido

Finde sombrío

El ébola llegó a Nueva York

Secuestran a 25 niñas en Nigeria

Perros policías atacan a invasor en la Casa Blanca

Los 'lobos solitarios' proliferan

Un lobo solitario, el agresor al Parlamento de Canadá

El miedo
sí anda
en Burro
y Blanco

Osorio:
ofende la
colusión
con narco

Redescubren
rata que se
creía extinta

SE VA CON SALDO ROJO

Se fue

De Aguas Blancas a Iguala

Una matanza lo encumbró; otra tragedia lo destruyó

El carrusel de los horrores

Poder, sangre y corrupción en Iguala

El alcalde de
Iguala ordenó
atacar a los
43 estudiantes

Las cuentas del cuento

Aparecen
más fosas
en Iguala

Al descubierto
en Iguala
6 fosas más

Suma Guerrero conflictos

Políticos o criminales

Bronco binomio

La marca país y el derrumbe del #MexicanMoment

Más del tsunami mexicano

Árbol caído

Lo otro muerto

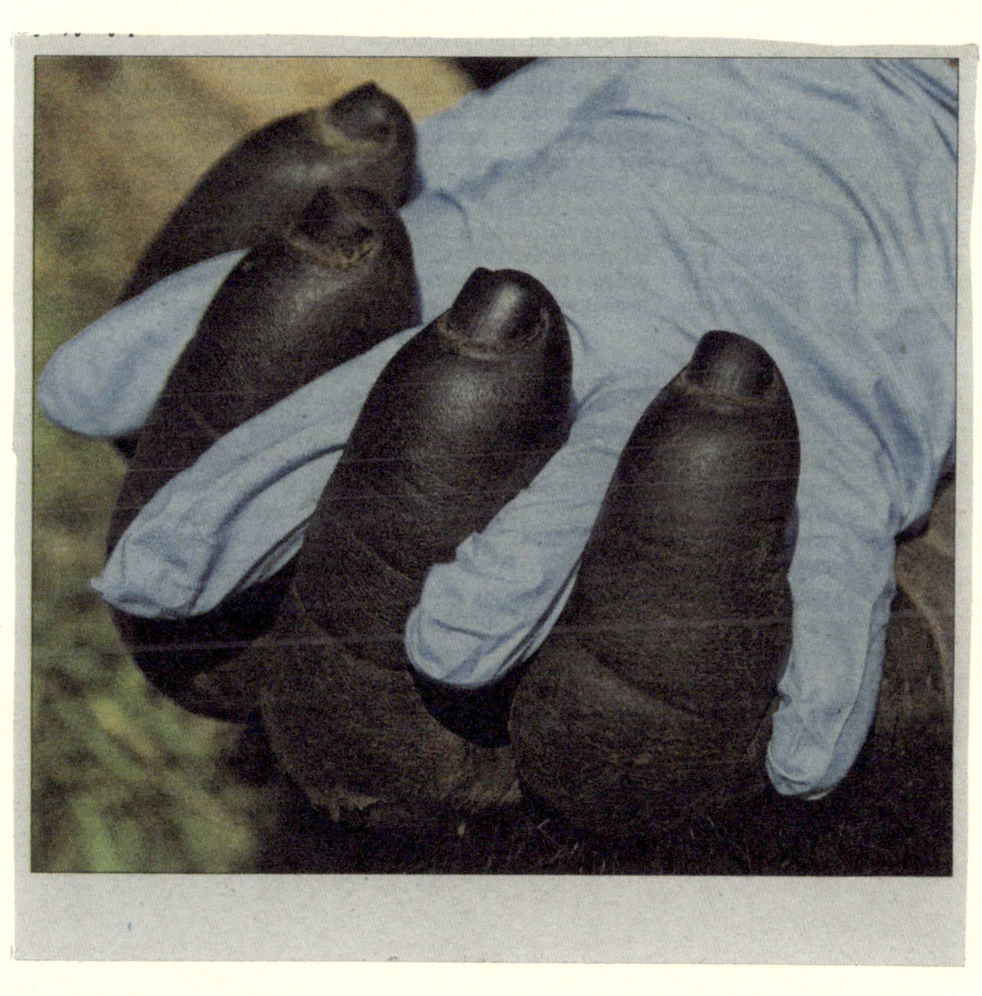

"Todos somos corresponsables de la corrupción"

La corrupción de la muerte

CAMBIA SU DISCURSO SOBRE LA CORRUPCIÓN EN SÓLO 48 HORAS

Día de Muertos

Acusan a alcaldesa de Matamoros por la desaparición de 3 jóvenes

Detectan dos genes que "inclinan a la violencia"

MEMORIA DEL HOMBRE DESTARTALADO

La sobrepoblación humana, incontenible

MÁS MUERTOS QUE NACIDOS

La versión de los veintidós vivos

Muerte viva

Una epidemia llamada Iguala

INIGUALABLE

Más de 60 por ciento de los cultivos ilícitos de amapola del país se hallan en Guerrero

FABRICA DE DROGAS

No termina el cuento de terror

'Trabajo desde los 13 como sicaria'

El largo y sinuoso camino hacia la décima fosa

Niegan nexo entre ataques

Temporada de zopilotes

El rinoceronte

Pablo Escobar se suicidó para no ser capturado, dice hermana del capo

Algo no cuadra

Estado de desecho

La heroína engancha de nuevo a EE UU

Pactan con EU exportación de azúcar según consumo

DULCE ACUERDO CON EU

Corredor de energía entre México y EU

Portugal destaca rol de México en economía global

Fácil, hacer negocios en México, Colombia y Perú

Su futuro es blanco

NEGRO

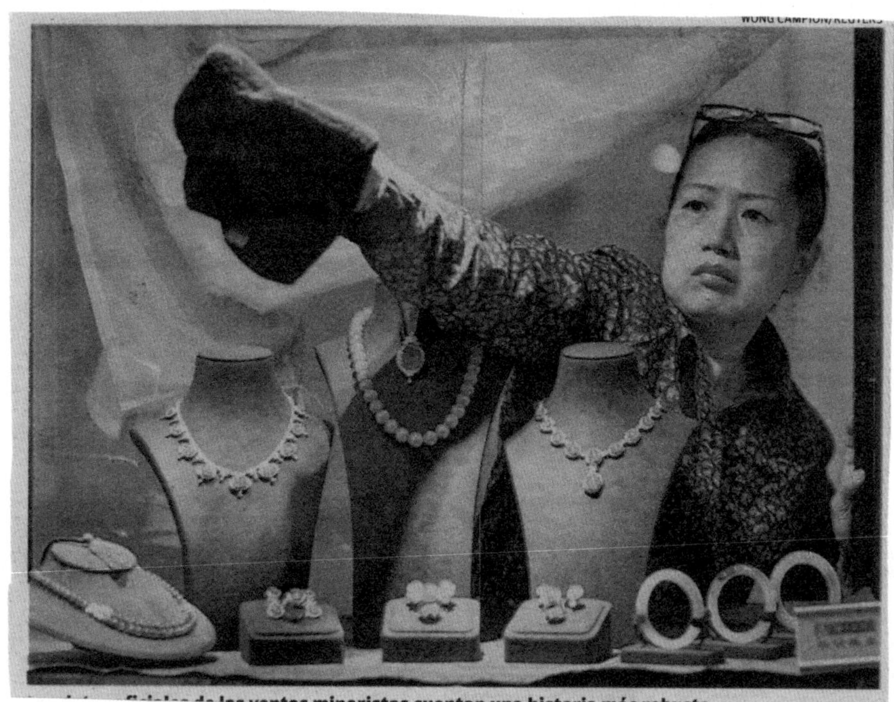

...las cifras oficiales de las ventas minoristas cuentan una historia más robusta...

De la indignación a la acción

Terremoto Podemos

Retumban reclamos por los normalistas

Más de 80 instituciones educativas paran por Ayotzinapa

Caso Iguala sí afectó imagen de México

En el Zócalo exigen les entreguen a los 43 normalistas

Padres de alumnos convocan a crear un movimiento nacional

Preguntas a Peña

Enrique Peña Nieto cayó 23 lugares en el ranking de las personas más poderosas del mundo

La matanza en Tlatlaya no es un caso aislado, subraya la ONU

La ineficacia estatal y la indignación

Retos y oportunidades del tomate rojo

NARCOJUNIORS Y PANDILLAS PRENDEN FOCOS ROJOS EN NORTE

"Hay capos en el DF, pero de vacaciones"

¿Qué hacer?...

Paro nacional

Paciencia infinita

El rey del control

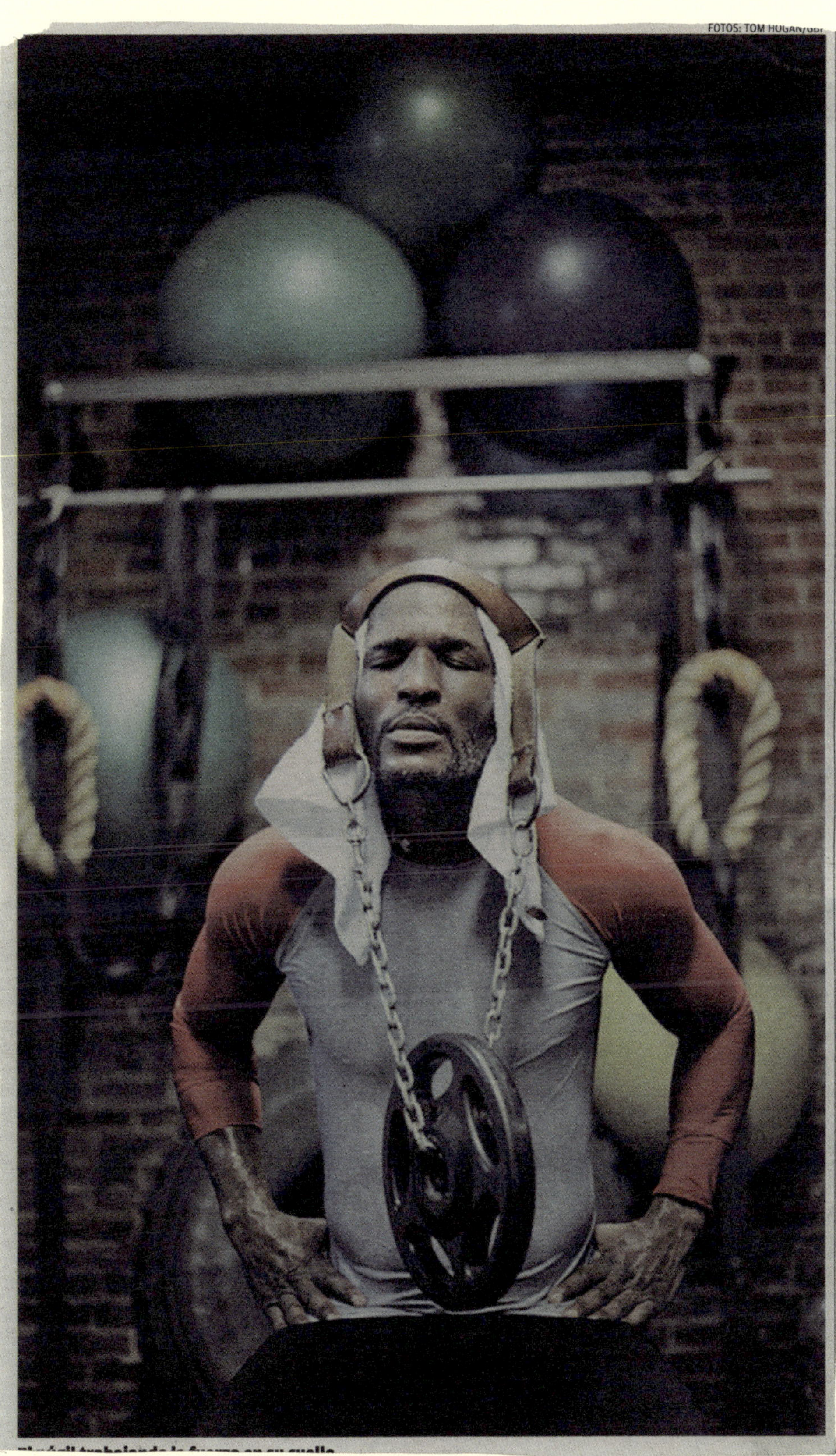

trabajando la fuerza en su cuello.

¡JUSTICIA!

La indignación gana terreno en México

CLAMOR GLOBAL

Reconocido en el mundo; sin apoyo en México

De Washington a Delhi

El baile político

El presidente detalla sus bienes

El monarca trata de mantenerse con vida

El doble discurso

Obesidad, tan cara como terrorismo

Colombia y las FARC pactan la libertad del general secuestrado

Las FARC en Iguala

El antes y el después de Ayotzinapa

Fosas por todo el país: padres de los 43

Escándalos globales

Tapar un bache cuesta 154 pesos

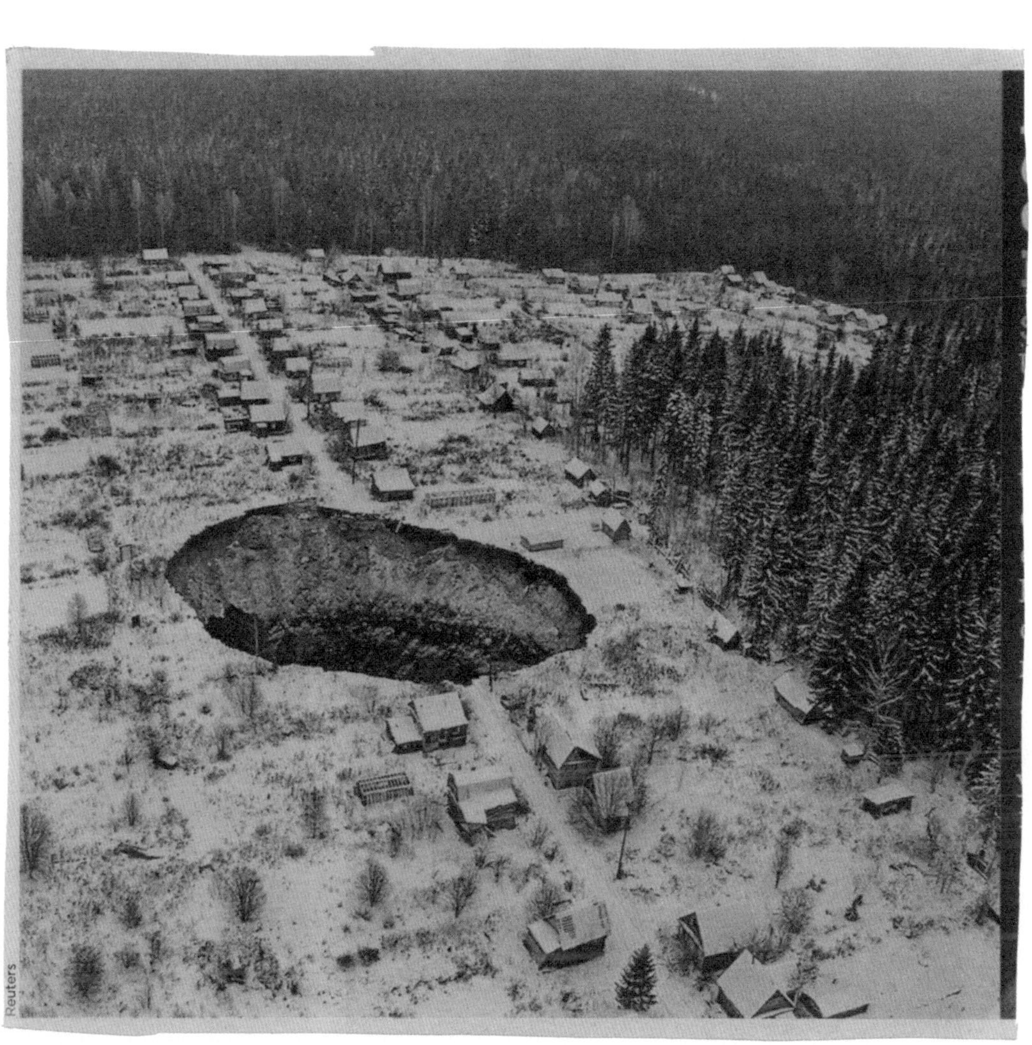

Reuters

El pesimismo como estado de lucidez

Tenía que ser

¿Qué es lo que pasa que lo veo todo negro?

Viernes negro para los exportadores de petróleo

Se desploma el peso; bancos venden el dólar hasta en $14.20

Marchas por Brown en el *Black Friday*

Manifestantes en Ferguson boicotean ventas del Viernes Negro

Ferguson, Guerrero

EU modifica alerta de viaje a Guerrero

Protestan en Bellas Artes por Ayotzinapa

¿Quién administrará el descontento?

El plan de Peña Nieto contra la impunidad desata rechazo

'Peña no tocó el conflicto de interés'

Destrozan a primera dama

Con las manos ... ¡en el mole!

¡Pi pi pi pi pi pi pi!

Jugar con fuego

Roban 2,300 juguetes en las oficinas de Barrales

"Lo único que necesita uno es amor y un perro"

Revela estudio cómo los perros reconocen el habla humana

¿Qué le vio su novia a Charles Manson?

Dilatada memoria

Volver al pasado

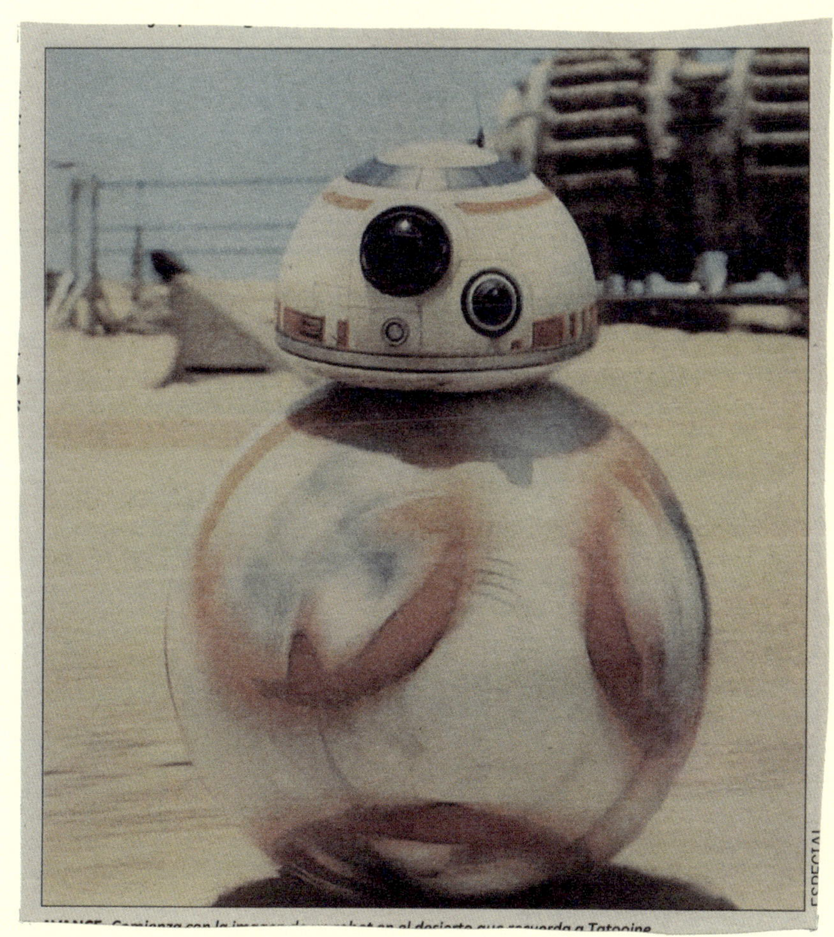

Comienza con la imagen de un robot en el desierto que recuerda a Tatooine.

"He salido de la boca del lobo"

LIBERAN TORTUGAS

Esperan devolución de leopardo

Se deja comer por anaconda para proteger la Amazonía

Indígenas cuidan mejor la Amazonia

Dignidad

En busca del tesoro

RESCATE FALLIDO

IMPROVISAN
MUSEO DEL MAMUT

México intenta
un giro político
para salir de una
profunda crisis
institucional

Las sombras del pasado

El México de siempre

Un país roto

Frontera
México-EU

Etiquetarán por raza
en las fronteras de EU

En medio de protestas, el funeral de un
joven negro ultimado por policía blanco

EL SER HUMANO
ES UNA PLAGA

La normalidad del mal

Sin respuestas ni salidas

Las deformaciones de la memoria

El Memorial News Divine, en fase final

La fin

Tiemblan mercados hacia el fin de año

"Que Akai no sea una estadística"

En 5 municipios, más asesinatos que en 36 de Tierra Caliente

Identifican peritos a uno de los normalistas desaparecidos

'Nos faltan 42...'

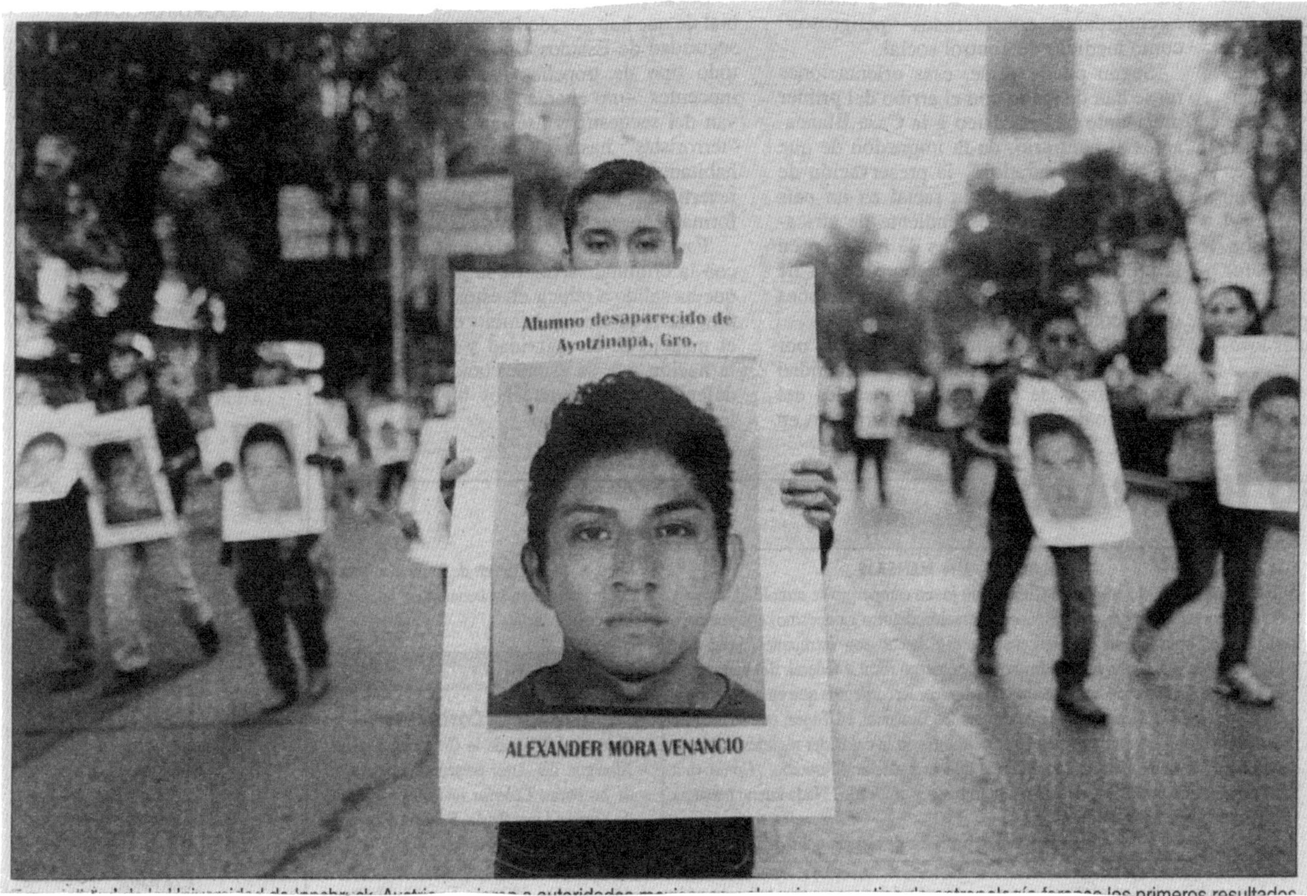

...ista de la Universidad de Innsbruck, Austria, ... a autoridades mexicanas ... de antropología forense los primeros resultados

La economía del naufragio

Money va a declarar

Cae el petróleo mexicano a 54.40 dólares por barril

Nuevo descenso del peso; se vende el dólar hasta en $14.85

Dólar caro

LA VIDA NO ES UNA CAJA DE BOMBONES

A favor de los derechos humanos

Brasil recibe un demoledor informe sobre las atrocidades de la dictadura

Los derechos humanos de las 'ratas'

Sabio Saviano

Es gestor de fondos y además, artista

Un museo maldito

Honduras anuncia purga policial por corrupción

Corrupción rampante

Otra cumbre irrelevante

La violencia que respiramos

Despostillan la imagen de México

La protesta universal

El 'caballo negro'

El ratito

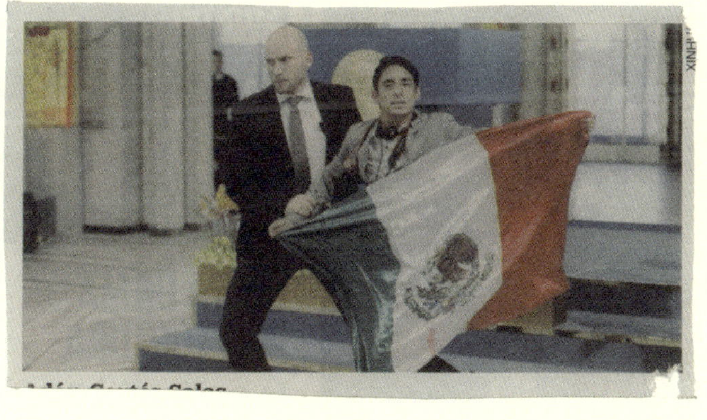

MARTES 16
DICIEMBRE 2014

Lunes negro en mercados

Bolsa tiene mayor caída del año en 'lunes negro'

2014, año "terrible" para el mundo

El año más mortífero

Este año será el más caluroso registrado en la historia, alertan

Temen deshielo en Groenlandia

Dinamarca reclama el Polo Norte

Deslave en Indonesia dejó 51 muertos

Bandera negra en Sydney

Un 'lobo solitario' inspirado por la yihad golpea Australia

17 Horas: 17 rehenes

Matan a 6 en Filadelfia

Todos somos yihadistas

Houellebecq imagina a islamistas gobernando

Sicóloga asesina y mutila a su esposo

Paga multa la
hermana real

Vuela, vuela

"De la plata al oro hay un mundo"

La millonaria
vuelta al mundo

Negocio redondo

SENTENCIA SALINAS:
FUERON OMISOS CON SLIM

Raúl Salinas
¡es inocente!

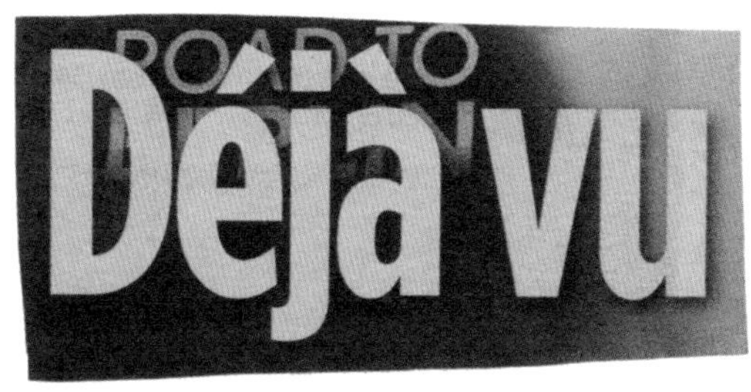

La pieza que faltaba

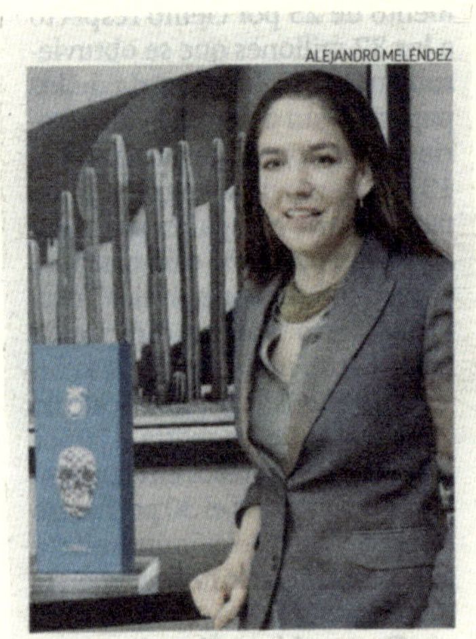

ALEJANDRO MELÉNDEZ

Trago amargo

En el mar

Dan cristalazo al acuario

Acuario Inbursa tiene nuevos inquilinos: pingüinos de Japón

COREA DEL NORTE LO LLAMA "MONO"

Cuerpo neandertal, mente sapiens

El desencuentro

El falso final de la guerra de Afganistán

Santos inocentes

La matanza de los inocentes

UNAM abre puertas a **Cristian Castro**

¡No jalen que descobijan!

LA *MUJER DORMIDA* SE VISTE DE BLANCO

Presidenta argentina se fractura el tobillo

Cuba y los espejismos de la libertad

La sombra de Schumacher

Osito panda que aún no anda

Pepe, nariz de cerdo

El gabinete avestruz

Partido Verde pide atender robo de autos

LOS AUTOS
del escándalo en la política

Censuran a funcionario del Infonavit por Porsche

Los cesan por comer huevos de tortuga

Domador de cocodrilos es herido por un ejemplar

Repudian a aerolínea por perder mascota

Desaparece avión entre Indonesia y Singapur

Cuidado, ruta con baches

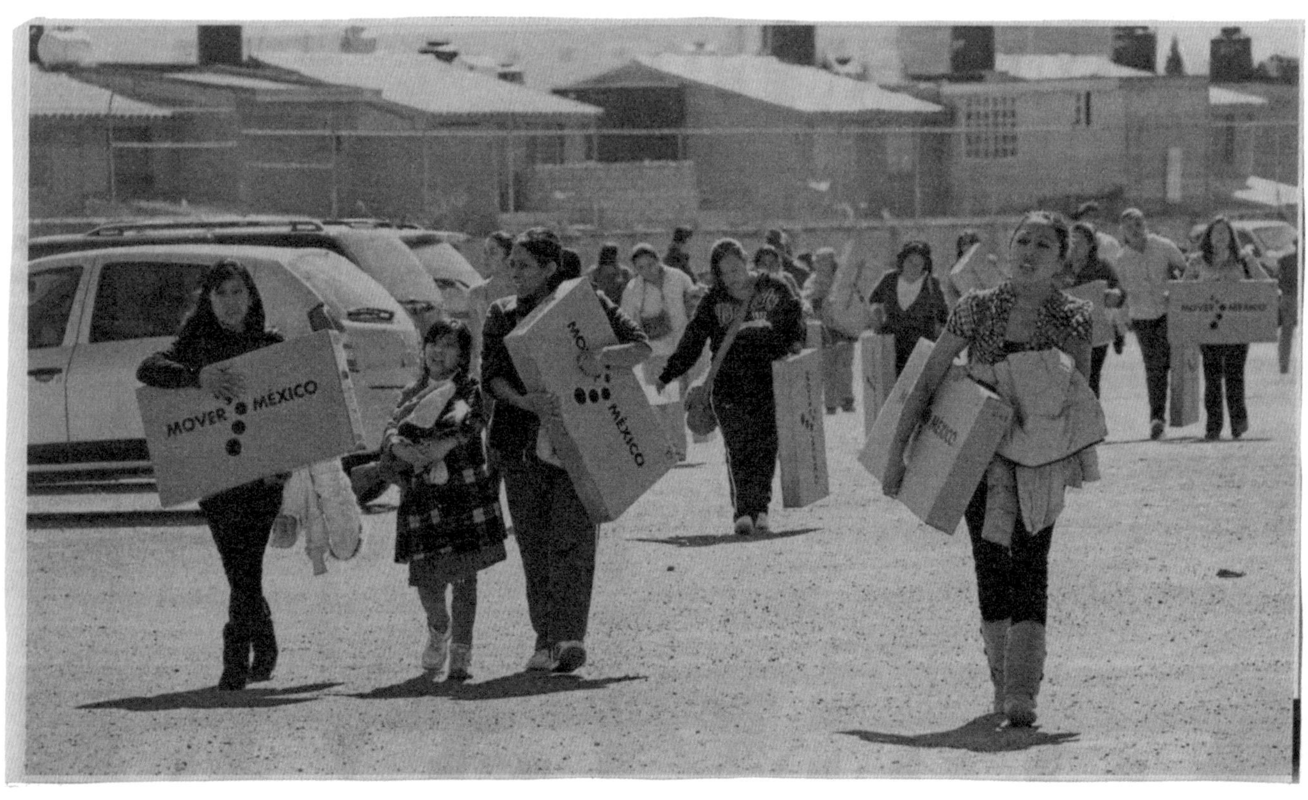

Lo que veremos

Córneas, lo que más se dona

**EL SOL DESAFÍA
A LA LLUVIA**

Inicia 2015 con aire sucio

LA PREVISIÓN
DEL TIEMPO CÓSMICO

El abismo que viene

Fin, principio

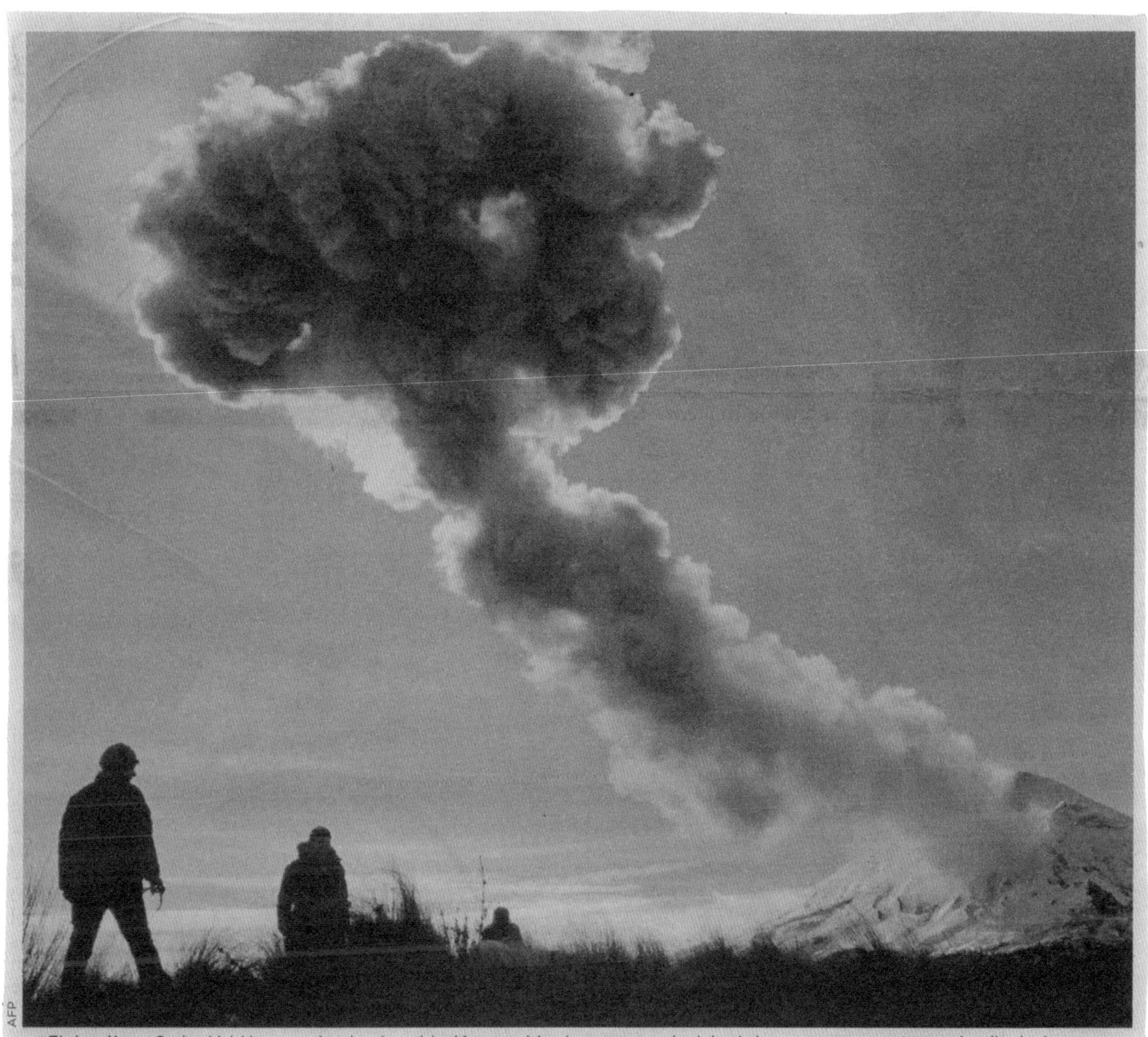

■ El sismólogo Carlos Valdés recomienda a la población no subir a la zona nevada del volcán, pues se encuentra en el radio de riesgo.

Epílogo

Se agita el Volcán de C

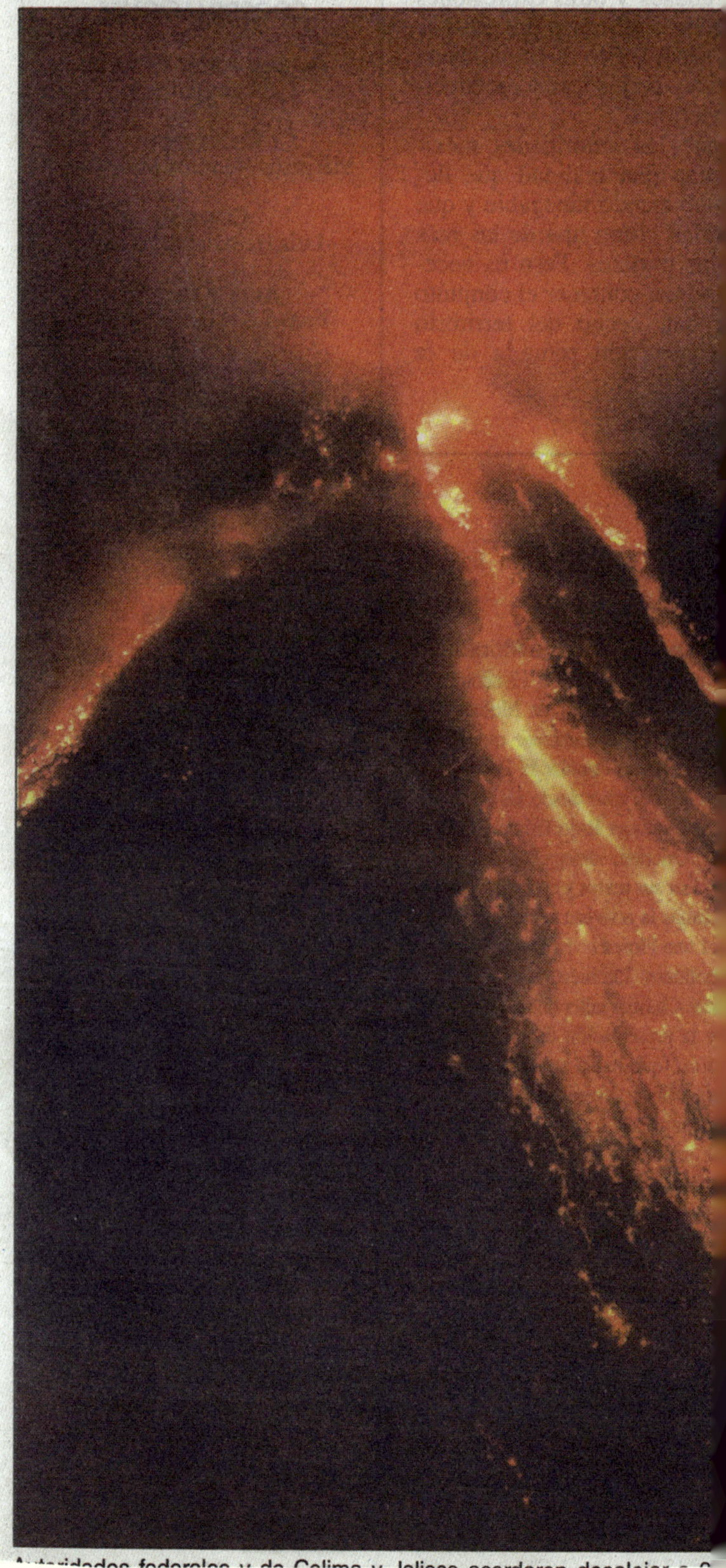

1A

■ **Se les *perdió* del penal del Altiplano**

El Chapo se escapa de nuevo

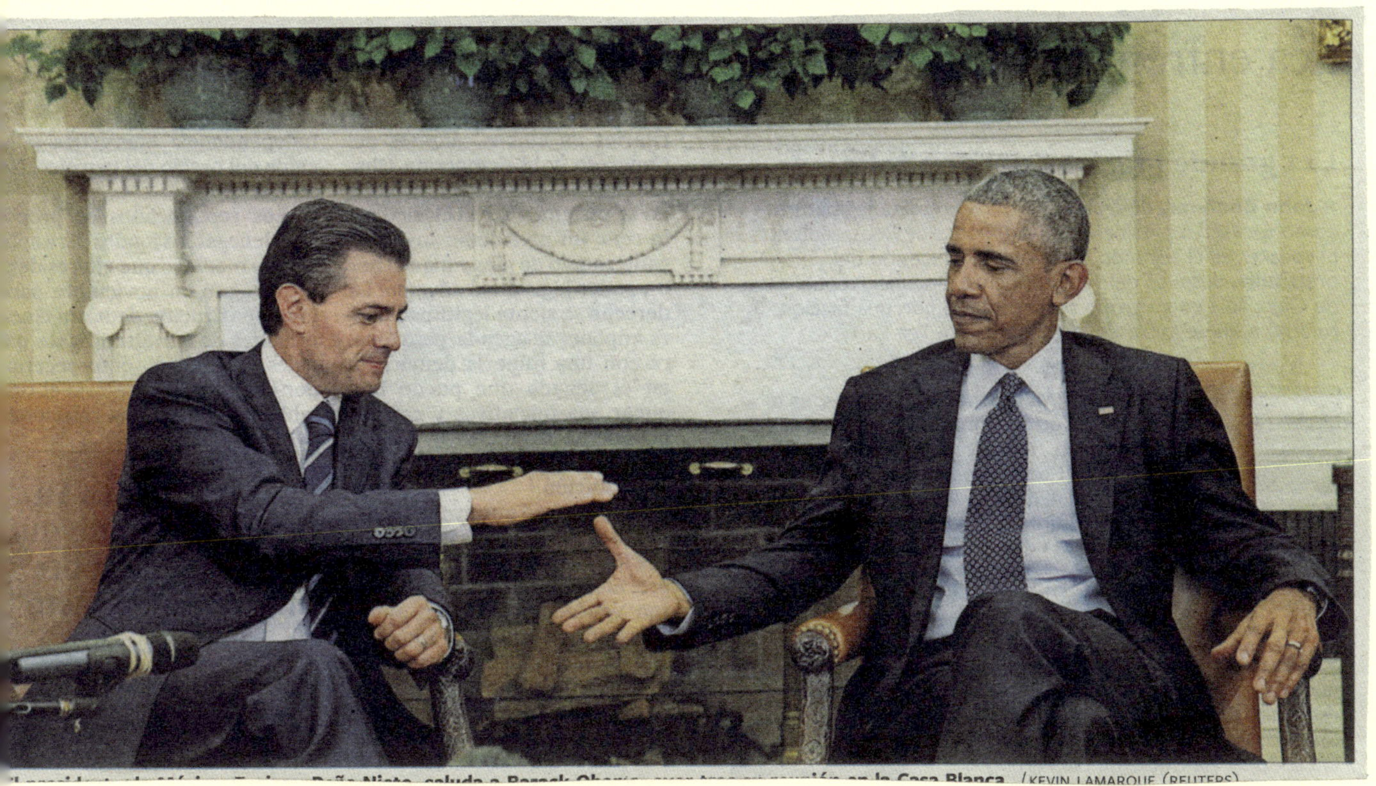

El presidente de México, Enrique Peña Nieto, saluda a Barack Obama, ayer tras su reunión en la Casa Blanca. / KEVIN LAMARQUE (REUTERS)

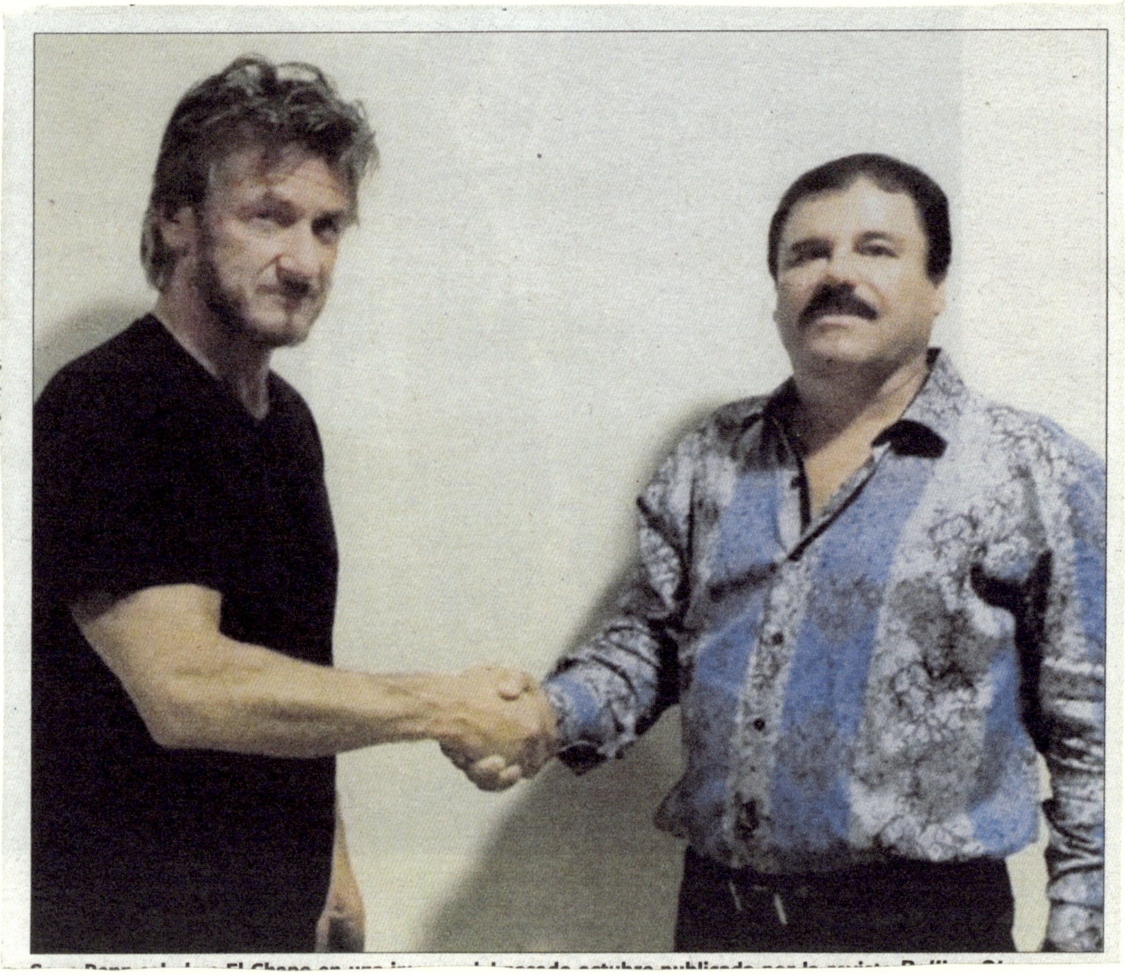

Sean Penn saluda a El Chapo en una imagen del pasado octubre publicada por la revista Rolling Stone

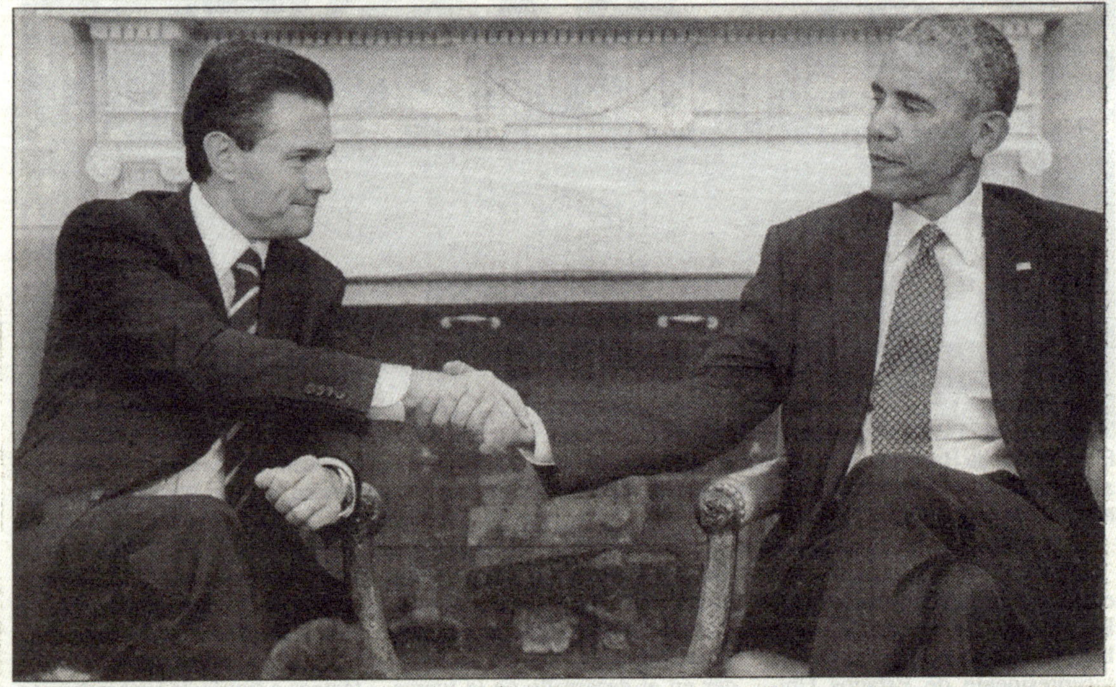

Los presidentes de México Enrique Peña Nieto y de Estados Unidos Barack Obama durante

Descabezados
Jonathan Hernández

Diseño y formación Sofía Broid
Digitalización Agustín Estrada

© 2016
Ediciones el mojado
5, rue Malebranche
75005 Paris
www.elmojado.fr

Preimpresión e impresión
Brizzolis, arte en gráficas. España

Esta edición consta de 500 ejemplares.
40 son una edición limitada
acompañada de una obra original de
Jonathan Hernández firmada de 1-40.

© 2016, Editorial RM, S.A. de C.V.
Río Pánuco 141, colonia Cuauhtémoc,
06500, Ciudad de México
© 2016 RM Verlag S.L.C/Loreto 13-15
Local B, 08029, Barcelona, España
www.editorialrm.com
#270
ISBN RM Verlag 978-84-16282-58-6

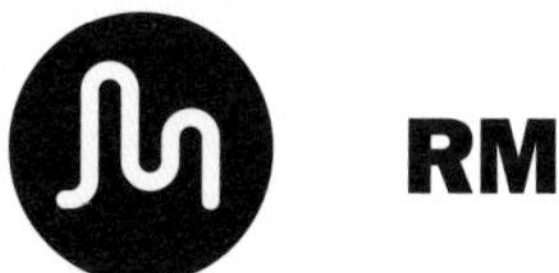